画说梁斌

李毅峰 主编
黄培杰 画
冯景元 文

天津出版传媒集团
天津人民美术出版社

图书在版编目(CIP)数据

画说梁斌 / 李毅峰主编；黄培杰画；冯景元文. —天津：天津人民美术出版社，2014.4
ISBN 978-7-5305-5972-7

I. ①画… II. ①李… ②黄… ③冯… III. ①梁斌(1914-1996)—传记—画册 IV. ① K825.6-64

中国版本图书馆 CIP 数据核字 (2014) 第 056511 号

画说梁斌

出 版 人	李毅峰
责任编辑	田殿卿　臧晓彤
技术编辑	李宝生
出版发行	天津人民美术出版社
社　　址	天津市和平区马场道 150 号
邮政编码	300050
电　　话	022-58352900
网　　址	http://www.tjrm.cn
经　　销	全国新华书店
印　　刷	天津海顺印业包装有限公司
开　　本	787 毫米 × 1092 毫米　1/16
印　　张	8
版　　次	2014 年 4 月第 1 版
印　　次	2014 年 4 月第 1 次印刷
印　　数	1-1000 册
定　　价	86.00 元

文化大家

梁斌（一九一四——一九九六）

作品传世，人生传奇。

他一手秉笔，一手执枪，一生为真理而战，为真善美而战。

郭沫若为《红旗谱》题辞：「红旗高举乾坤赤，生面别开宇宙新。」

梁斌

梁斌与夫人散帼英女士

梁斌在画室作画

梁斌于1956年完成《播火记》初稿，该书1963年正式出版

邓颖超同志亲切会见梁斌同志

1990年5月，梁斌与李瑞环同志在"二梁兄弟画展"开幕式上

梁斌,作品传世,人生传奇。

一颗人世间,本名"维周"作永,一手秉笔一手持枪的称"斌",在家排行最末,却永远叫"魁"的星。在中国文坛上,他属于凭一部作品就确立自己文学家地位、文学史地位的作家。

茅盾说,他的《红旗谱》是"里程碑式的作品",郭沫若题辞说,他"生面别开宇宙新"。

他一生枪林弹雨,著作等身的奋斗。从河北,到湖北,至京津;《红旗》《播火》《烽烟》,一路撒遍传奇地在地上走着,从去世那天起,就被人们尊称为"大地的儿子"。

《红旗谱》一部书,从问世到而今,半个多世纪,从30后,到90后,影响几代人,是至今解读、研论不绝,家喻户晓的传世之作。人们把梁斌的作品与古典文学比,与十七年同时代的红色经典比,形容它是:
——"中国现代的《水浒》""宏大叙事中有纵深历史感,独具地域和史传的语言";
——"当代小说中土地、农民、家族叙事的奇异高峰";
——"一条奔涌地上的河流,用悲剧式民族情调的史诗,展示人类与生俱来的生命自我求证意识"。

从风格、语言、人物、格调到情怀、审美、品位,经济的、艺术的、人文的、结构的、版本的,还有语言学、心理学、符号学的,它的价值,不断被挖掘和更新。

梁斌和他《红旗谱》的艺术生命,至今活着,话题不断。

他身上有着众多不死的传奇:13岁加入共产主义青年团;16岁参加了震惊中外的保定二师学潮,开始公开发表作品;19岁参加北平"左翼作家联盟",成为左联作家;20岁考入山东省立剧院表演系;23岁投身抗日,加入中国共产党;24岁深陷敌后,在冀中抗日根据地,持枪组织救国会、组织游击抗战的同时,出任新世纪剧社社长、冀中游击十一大队政委。

在日寇残酷的"五一"冀中"扫荡"中,梁斌三上太行山,五至白洋淀,七过枪林弹雨的封锁线,屡经命悬一线、子弹耳边飞、炸弹身边炸的险境。二师学潮后,上了被当局军警追捕的黑名单,至1945年抗日战争胜利,一直被追剿查捕,无数次出入青纱帐,上房越墙地躲过,在民众保护下钻地道藏身。

"文化大革命"期间,梁斌的《红旗谱》《播火记》横遭批判,各种"大字报"铺天盖地,河北省级报纸一年间连

1976年夏，天津夜间大震，梁斌从晃动的书柜中抢出书稿，其它贵重物品则全然不顾

发了40个大批判版面。他先后多次被批斗，进"牛棚"，像犯人一样，被赶到河北省唐庄干校、天津引河工地、宁河芦台农场劳动改造，历经残酷斗争。无论压力多大，被体无完肤批得多猛，他都平静如初。即使文武带打，把他从跪着的高凳上重重地踹跌到水泥地上，他也从不说一句违心的话，且总有人出面保护他。

1967年，从保定绕经德州南转，押往天津的途中，车站旅馆人已住满，当地人得知被押者是写《红旗谱》的作家时，竟不怕遭受连累地腾让出经理室，搭出好床让梁斌住。连挨斗期间被"造反派"组织缴收的数十万字的《烽烟图》手稿，于"文革"后，也都又河北、又内蒙古、又山东，几番过手、数度辗转后，绝处生逢，失而复得。

梁斌一生结交的所有人，上至国家领导，下到送煤工、清洁工、业余作者，都是他用文字、肝胆换下，都可以作为研究了解他的注释和佐证。

20世纪50年代，从襄阳地委，点名调他到《新武汉日报》任社长的湖北省委书记李先念，在"文革"后梁斌仍然因《红旗谱》是否写了错误路线而蒙受不白之冤之际，以中央政治局常委、国家主席的身份，为他正了名。

1934年他考进山东省立剧院，曾与他同校入学的电影演员崔嵬，五年后与他在冀西"联大"相遇，三十年后，在电影《红旗谱》中成功饰演朱老忠，并由此一举成名，成为首届百花奖影帝，获最佳男演员奖。

抗日战争胜利后，南下襄阳，牵手终生的内子散帼英，成为他日后生活拄杖的依靠，幸福的形影，35岁以后"笔下走龙""红旗立下就再也不会倒"的重大支撑。

性格：刚强、直爽、洒脱、豪放，且内怀情愫、执着专一。只要拿起笔来，就觉得整个世界属于自己。笑也开怀，哭也放声，高兴时就唱黑头，喊两嗓子。

语言：大朴、浑厚、生动、开阔、凝练，刚健雄强，立风开派。有许多令人击节拍案，意想不到。

为人：正直宽广，磊落坦荡，重义疏财，有燕赵风骨，情意胸怀。为他人之事仗言时，可以拍案而起，怒发冲冠。

晚年，激情移于书画，逍遥法外，笔随意出，充满大气魄。

倡言：你画你的，我画我的，我画得不好，还是我家笔墨。

这是一个在家中晚来后到、昵称叫"魁"的孩子。百年前，1914年4月18日，出生在冀中平原盛产棉花、有"银蠡县"之称的梁庄。

父亲老来得子，70岁生的他。上面五个哥哥，四个姐姐，排行第十，却成了后来庭步华夏，豪气幽燕，整个冀中、燕赵最出名的人。

这是一个一生历经坎坷上下，声若洪钟，始终风骨在在，豪气不减。生命临行前，在胳膊发颤、手有些哆嗦的情况下，仍然才华井喷，用生命最后一次的开合，在医院为他布置的画室中，淋漓磅礴地写画出象征岁月天象永不朽的春荣、夏华、秋实、冬莹的四幅八尺条屏，和承命绝笔的"满天星斗日，一华落地来"的动人条幅。

1996年6月20日，他走的那天恰正是农历五月初五，是根据传说人们纪念屈原的日子。

凡，非凡，不凡，超凡，是这位战士、革命者、作家、书画家、艺术家，一生真实的走过。

他的《红旗谱》，1957年12月付梓后，一版再版，不断发行，至今逾1000万册。

半个多世纪有关《红旗谱》的关注和研究，跨世越代，形成三次高潮：1958至1959年，是中国文坛罕见的《红旗谱》年，有报皆谈朱老忠；"文革"结束后，论文迭起频出，从人物、结构、语言步向文本研究，形成二次潮；21世纪伊始，随着《红旗谱》入列国家"百年百种优秀中国文学图书"，广视野，多角度，脱离意识形态，进入更深层次、更本真的研究和比较。

从20世纪60年代河北省改编的话剧《红旗谱》、北京电影制片厂崔嵬主演的电影《红旗谱》，到2004年中央电视台开播的电视连续剧《红旗谱》，再到2014年天津人民艺术剧院又将《红旗谱》搬上话剧舞台，而且掌声雷动、经久不息。一部不朽文字的影视戏剧改编如浪也涛，展演不断。《红旗谱》作为中国文化的代表，形成八种不同文字，在全世界传播。

俄罗斯译名作《三代人》，越南译名为《在红旗下》，日本译名为《燃烧的大地》，英国其中一个版本的译名为《红旗飘扬》。

进入多媒体的当代，《红旗谱》的影响、恢宏、震撼依然，打开网络，只要点击"红旗谱"三个字，无论作者、人物、书籍、评论、梗概、简介，都会有数万条以上的结果。

他的文、书、画，他的言、行、事，至朴，至真，至伟，至纯。

四五十岁以上有经历的人赞：一部大气磅礴的《红旗谱》，是一首中华民族的正气歌。

梁斌和周扬同志(左二)在一起

梁斌和林铁(左五)等老战友在一起

二三十岁年轻人说：梁老爷子神了，他把20世纪二三十年代的农民、地主、士绅、资本家、军阀、政客、学生、土匪、理想主义者、改良主义者、无政府主义者、共产主义者，包括杀猪的、养鸟的、唱戏的，熔进一炉。

感谢2013年江南大学黄培杰教授，寻梁斌生前历史，写画下精彩的42幅画页。

感谢梁斌的后人、挚友、新闻记者、摄影家们，贡献出百余幅摄影镜头中的真实梁斌。

让我们寻着这些照片、画页，回向历史，踏看着一位原始自农民，并始终称自己是农民的文学大家、不朽者——梁斌的一生。

梁斌和姚雪垠同志在一起

梁斌出席河北省文代会

- 1914年梁斌出生在中国河北省蠡县，一个名唤梁庄的僻乡村里。

梁斌自述：

在我幼年的时候，这个小乡村，只有一百二十户人家。全村人家都是务农，自古养种土地，精耕细作，周围几十里地是有了名的。

全村大部分人家都姓梁，后来就叫梁家庄。那时的河北平原，人烟稀少，梁、宋、孔、赵四姓弟兄，从山西忻州远走河北，落脚此地……四个家族就像《红旗谱》中，朱严两家、朱老明、伍老拔、朱老星，几个家族的关系一样，有福同享，有祸同当。

我家从历史上未做过生意，但我家的生活，并不比一般中农人家好：经常是煮一大锅菜粥，一算子窝窝头，半锅熬白菜。一年到头，逢年过节只吃几顿白面。

链接注语： 有着厚厚土墙的老宅犹存。蠡县，离产布出名的高阳不远，种棉花，自古有"金束鹿银蠡县"之说。
——宋安娜《解读梁斌》

- 童年，
  母亲，
  至高无上的母爱。

梁斌自述：

儿时的回忆，就像吃蜜一样的甜美。

从我懂得思索的时候就想：是母亲亲，还是父亲亲？我幼稚的心灵里，想过来想过去，总觉得不是一般长的距离；这是因为我自幼吃母亲的奶，在母亲怀里酣睡的原因。

三周岁才有记忆，我记得清楚的，是我母亲叫我吃奶，说："来吧！吃一口吧！"邻家嫂子说："有多大了，还吃奶？还有水儿吗？"母亲说："四岁（虚岁）了，哪里还有水儿，干嗫呗！"

在我的记忆里，四岁的孩子，确实不小了。母亲的奶，也确实没有水儿了。不过每次骑在母亲的大腿上，用两只小手捧着母亲又白又胖的乳房，含着乳头，那是人类至高无上的优美的享受，是母亲赐予子女的伟大的母爱。

链接注语： 梁斌的父亲梁老旬的第一个妻子是西百尺村王姓财主家的女儿，生了五个孩子。王氏辞世以后，梁斌的母亲嫁到梁家，又生了一个女孩，四个男孩，梁斌是老生子，排第十，是最小的一个。
——王洋、田英宣《梁斌传》

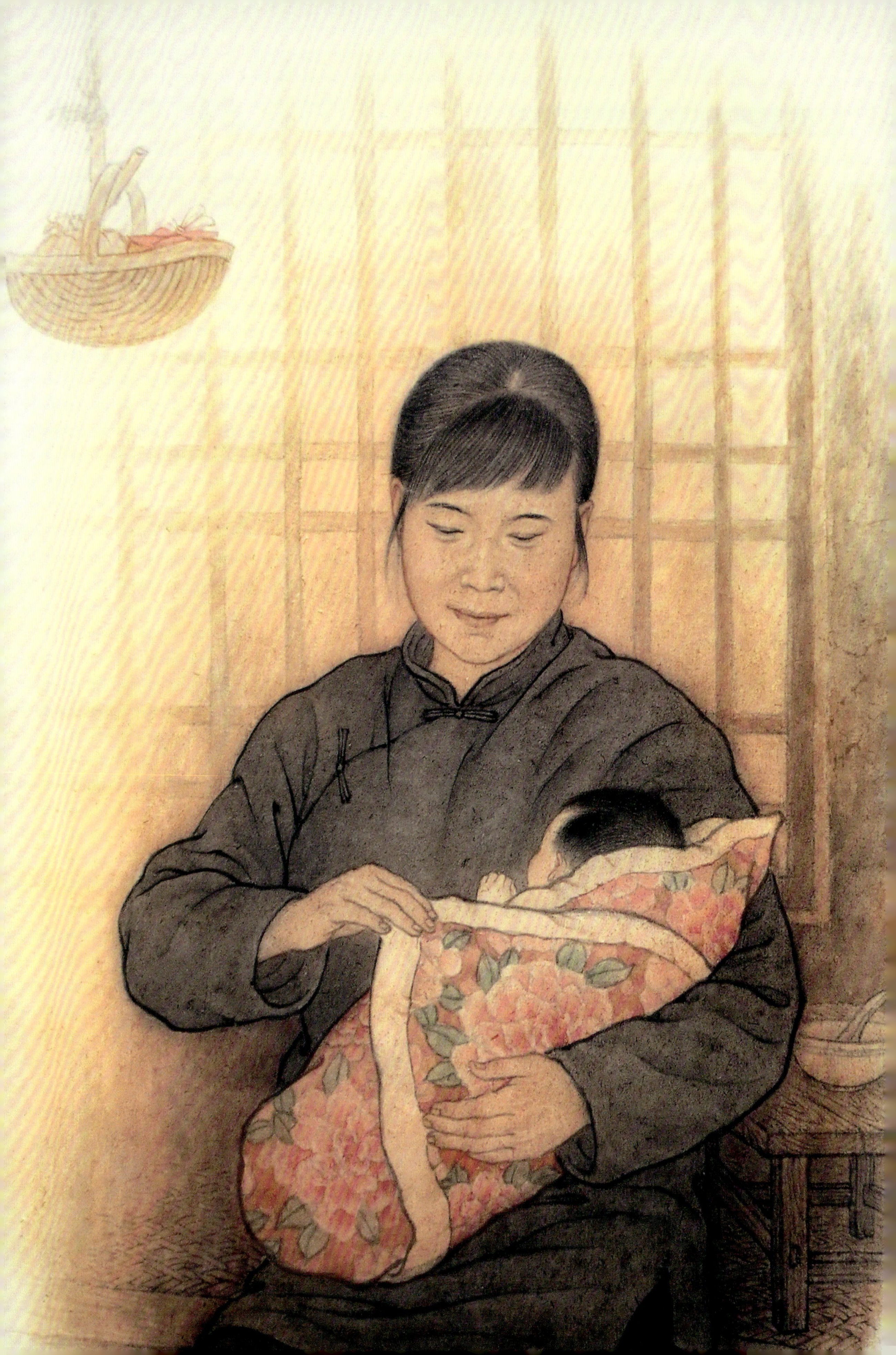

梁斌在画展现场接受记者采访

- 父亲是个庄稼人，
  一大家子谁也不能睡早觉。

梁斌自述：

从我能记事的时候，我家就是个大家庭：五个哥哥，四个姐姐，六个嫂子，一大家子人。遇上村里唱大戏，孙男娣女都来到了，四五十口人吃饭，真够热闹的。有人说："出身在大家庭的人，塑造人物性格就多。"我认为不无道理。我也说不清把哪一个人的性格写在哪一个人身上。《红旗谱》一本书，三十二万字写了十八个人物。

父亲一直是个庄稼人，他一年三百六十五天，一直在劳动。睡到半夜还起来去筛草喂牲口，登梯子上房寻觅一遍，只怕有偷盗。他的经典就是"勤俭持家"过日子。在半条街上，谁不会过日子，他就不跟人家说话，还背地里骂人"好吃懒做"。

家人虽多，但我父亲有几条老规矩：不许赌钱；不认干亲；晚饭以后，大门落锁，不许出门；不许睡早觉。有谁睡早觉，父亲就隔着窗子喊："还不起呀？老阳晒着屁股了！"

链接注语： 梁庄有个子牙班丝弦剧团，团里有位唱老生的主演梁云章，在冀中一带很有名望。梁斌从小就喜欢看丝弦，坐在大人肩膀上，站在凳子上。不仅喜欢，还会唱两口。他说过："我的文学生涯实际是从戏剧起步的。"

——阿庚回忆录《梁斌的戏剧情缘》

- 五岁开始识字，
  喜欢在大街上看打铁的。

梁斌自述：

在我五岁的时候，我就开始识字了。

我家外院，有一棵大槐树，树底下，有两间北房，村学就在这里。村学里，有一个好老师，白净脸儿，两撇人丹胡子，高高的个儿，穿着长袍。我每次到了学堂里，他就喜欢地抱起我来，写几个字叫我认。

人的一生，童年时候的记忆最深刻，我在故乡度过了整个童年时代。

乡村里的孩子，一过五岁也就不满足炕头上和土堆上的玩耍了，喜欢在大街上看打铁的，看铸犁铧的，再就是东西南北地跑着玩。

1976年梁斌在家中

链接注语： 梁斌很小就见过外面的世面。他儿时，哥哥姐姐们都已经长大成人了，有的已经结婚生子，居住在外乡或城里，他小小年纪，就曾随母亲、兄长去保定探望生病的四哥，同父亲去北平在二姐家小住。

——王洋、田英宣《梁斌传》

- 小伙伴蕊珍，一个年岁一般高的邻家姑娘。

梁斌自述：

我的小伙伴是个邻家小姑娘，她叫蕊珍，跟我一般年岁，一般高，梳着两条小辫子，小嘴唇，白四方脸盘。

每天吃了早饭，我们俩就到一块儿。见面就说："咱们今天做什么玩？"

春天，柳树上长出的绿芽，是一种很好的菜，我们俩挎着篮子，到村北的柳树底下。在我的记忆里，那时我就会上树了。脱下鞋子，爬到树杈上，把柳枝掰下来。她在树下，把柳枝捡在一起。等我爬下树来，我们对着脸儿坐下，把柳芽掠在篮子里，提回家去。

在乡村里，柳芽长出来的时候，榆钱儿也就长出来了。

为了榆钱，我能爬很高的树，掰下一串串的榆钱。我们一人抱着一抱……一朵朵的榆钱搁进嘴里嚼着，很粘，带着一点儿甜味。

链接注语： 梁斌小时，和蕊珍一起牵着手磕头，玩过拜天地，这事被蕊珍母亲知道了，从此管住了蕊珍，不让再来往了。

——王洋、田英宣《梁斌传》

梁斌一生书不离手

大田劳动时，我才发现梁斌种庄稼是行家里手，间苗、锄地、收拾棉花，样样都会，而且活儿做得地道。
——尧山壁《忆梁斌师》

- 当时农村的风俗，儿童八岁入学，梁斌七岁就开始上学了。

梁斌自述：
家乡有一句老话："中华民国大改良，拆了大寺盖学堂。"我们这个学堂是个奶奶庙改造的，分内外两间，坐北朝南。书桌是一尺多宽的小木桌，三尺多长，没有抽屉。

这一年的老师有两个，讲旧学的老师是张

- 父亲的家规，无论大人孩子都得参加劳动。

梁斌自述：
我自幼参加劳动，母亲带嫂子们去摘豆角，我也提个篮儿去摘豆角。因此，在我的几部长篇中，都有写劳动的场面。

五六岁时见习，七八岁上就跟着我四哥、我二侄子、我五哥去打花尖。棉花要打三次尖，第一次和第二次是掐了高的留矮的。立了秋了，就高矮一齐揪了。

收秋季节，我最喜欢干的是刨红薯。……那时红薯是好东西，多咱吃多咱愿吃。刨了红薯，就刨萝卜，刨红萝卜，刨白山药。用小车推回家去。我五哥推着，我在前头拴条绳子拉着。有时候我父亲也参加。

链接注语："文革"期间下放改造，参加

维四,讲新学的老师是梁正堂。

第一课是"人、手"。第二课是"足、刀、尺"。第三课是"山、水、地"。这几课母亲教我念过了,今天从第四课讲起,"井、田、石"。讲到"田"字,我笑了,说:"糖就是甜的。"惹得人们哄堂大笑。

链接注语:梁斌的第一个老师是他的母亲。很小的时候,小名叫魁的梁斌,就听他母亲讲过奶奶庙金鸡报晓的故事,还有那个与他父亲相关的故事,奶奶山前后有四十八亩官地,村东财主要据为己有,阴谋砸毁铸有证据的大钟……
——王洋、田英宣《梁斌传》

● 这一年,梁斌十二岁,报考高小。

梁斌自述:

1925年,国民军开始北伐,上海发生了"五卅"惨案,英国鬼子和日本鬼子镇压工人运动,杀死工人领袖顾正红。赵老师出了一个题目——"试述上海'五卅'惨案",叫我们每人作一篇文章。基于反帝的热情,这篇文章是用了力的……赵老师看到我这篇文章时,说写得不错。他坐着一个柳木圈椅,用读古文的腔调,拉着长声在读。

县立高小,是我县最高学府。高台大门,宿舍一排排的,讲室是玻璃门窗,墙壁是用白粉刷过的。我们报了名,等了两天就开始考试。说也奇怪,那个作文题目就是"试述上海'五卅'惨案",我并未费力就交了卷。

发榜的那一天,大哥领我们去看榜。一见我们俩的名字都上了榜,当着人张开大嘴笑哈哈地说:"高榜得中啊!"这年我是十二岁,自此也就结束了我的童年时代。

链接注语:多慷慨悲歌之士的燕赵古地,对梁斌的影响是深刻的,梁斌不止一次对我说过:家乡、童年和少年时代的生活,对一个作家的影响实在太大了……一直伴随我几十年,终生难忘。
——柳溪回忆录《永远的纪念》

- 高小，全班最小，
  功课最好，绘画显才华。

梁斌自述：

村学的时候，老是觉得自己很笨，背书很吃力。到了高小，也不背书，也不背写，我倒觉得聪明起来。主要是老师讲得好。

尤其是国语，我的进步很快。每礼拜六下午是作文课，上礼拜六作了，下礼拜六发，老师按成绩的优劣，按次序发给。第一名是我们班年岁最大的刘维崇，第二名发给年岁最小的我。

我是我们班里最小的一个，也是全校的排尾，自此以后，我更加努力，我的一生，能成为作家的原因，也就自此开始。

链接注语： 梁斌的书画才能是在县立高小启蒙的，梁斌临的柳公权帖被老师批了甲。与书法相比，引起更大轰动的是他的绘画。他的第一幅画作《秋风红叶》水彩画，不仅得到绘画老师的称赞，还被外校的老师拿去，贴在教室后面的墙壁上"发表"。晚年，梁斌以《秋风红叶》为题，重新画了这幅画。

——王洋、田英宣《梁斌传》

- 革命召唤，
  激情诞生，
  不可回避的潮流激发和影响。

梁斌自述：

1926年，"北伐"的消息偶有所闻。

时近暑期，有一天我在宋老师门前经过，见屋里有很多人，我也推门进去。见宋老师墙上贴着几幅宣传画，是印刷品，有报纸四开张那么大，着色石印。宋老师正在讲着，哪是帝国主义，哪是军阀，哪是政客，哪是土豪劣绅……说是北伐军进展很快，要打倒帝国主义，打倒军阀……他用教鞭指划着，讲着，同学们呆呆地听着。讲的都是新词，是过去没有听过的。人们也在唱着歌："打倒列强，除军阀！除军阀！……"

链接注语： 北伐革命军打到北方，接近了冀中腹地，梁斌他们这些青年学生欣喜若狂，辗转相告，每天在课堂上议论前线情况，准备迎接革命军的到来。

——刘波、刘绳《作家梁斌在冀中》

1986年春节，梁斌夫妇与挚友孙犁、路一、杨循合影

- 十三岁，
  参加共产主义青年团，
  不是一般答应，
  出自肺腑。

梁斌自述：
1927年，正是我十三岁，已经是二年级了，住在前排小号——五个人一屋。

那是个礼拜的日子，我正从宿舍出来，路过操场，有人在背后拍了我一掌，我回头一看，是范振声。他拉我到圣庙里，四棵大柏树遮得院子郁郁葱葱，他牵着我的手在平地上走来走去，谈了会子革命形势。问："你愿打倒帝国主义呗？"我说："愿！"他又问："你愿打倒封建军阀呗？"我说："愿！"他又问："你愿打倒土豪劣绅呗？"我笑了说："当然愿意！"他把我手一攥，咬紧牙关，说："咱不参加那个（指国民党）了，我介绍你参加共产主义青年团吧！"我答应了。

这个不是一般的答应，而是出自肺腑。对于帝国主义、封建军阀、土豪劣绅，我早就恨透了。心中非常高兴，几乎说不出话来。走回宿舍……浑身火热，幼稚的心情，几十年来不能忘怀，我把它写进《红旗谱》中。在我的一生中，这并不是一个平常的日子。

链接注语：梁斌进入县立高小读书的时候，县立高小已经有了党组织，担任梁斌国文课的老师，就是共产党员。
——刘波、刘绳《作家梁斌在冀中》

- 开始读有字书，也读《诗经》上说的"窈窕少女，君子好逑"的无字书。

梁斌自述：

在这半年里，虽然我们沉浸在政治生活中，但功课并未荒疏，因为都想着升学。我开始读书，读《晨报副刊》《创造月刊》《我的幼年》《反正前后》……还有鲁迅的《坟》。

放假回家，正好家里种了二亩瓜。毗邻是老乃叔的地，也种了二亩瓜……有时老乃叔的外甥女儿也看瓜园。十七八岁的姑娘，长长的大辫，飘儿飘儿的。我侄子说她很讨厌，我倒是不觉得，有些爱慕之情。因为年轻好学，尚无恋爱的心思。也有一次，在回家的路上，我赶了她一程，没有赶上，她逃跑了！

我侄子从北京带回来一部《诗经》，我躺在高窝铺上读《诗经》。那姑娘在窝铺下养了一群小鸡儿，嗞嗞地叫着。

- 升入高小第二年，接触名作家的作品，读社会科学的书。

梁斌自述：

升入高小第二学年，我的兴趣没有转变，依然是国语、习字、国画、手工，对唱歌也有兴趣。

宋老师讲国语，不再讲课本，而是用讲义了。他自己还刻蜡板，油印，发给我们读。讲朱自清的散文，郭沫若的诗……名作家的作品。

我还是努力读书，读冰心的《寄小读者》《繁星》《春水》以及创作社的东西。

有一次，我到宋老师屋里去，他打开小柜拿出一本小书，内容是日本共产党人在树林中给同志们讲话的讲稿：阶段，阶段斗争及无产阶级专政。这是我第一次读社会科学的书。

1953年在北京香山碧云寺，完成了《红旗谱》三部曲的框架

- 兵荒马乱的年月，人们心神不安，梁斌在战火匆匆中进行了毕业考试

梁斌自述：

毕业之前，北伐军到了我的家乡，学校当局说要打仗，宣布放假。回到家里才知道村北里挖了战壕！从石家庄一直挖到天津。

兵荒马乱之间，老祖母每天走出走进，心神不安。晚上人们都睡觉了，她还不睡，一个人坐在院里蒲团上，伸直脖子听着远处动静，闷得慌了，就走进来坐在母亲头前拉一会儿闲话。说："我听得西南上有鞭子响……"母亲说："可能是过兵车呢吧！"老祖母说："大街上有一阵狗叫……"母亲说："荒乱年头，说不定有多少人睡不着觉呢！"

北伐军过去，我又回到学校，在战火匆匆中进行了毕业考试。发文凭的那天，会上，任校长讲了话，毕业生代表也讲了话，当唱毕业歌的时候，我暗暗地流了几滴眼泪。母校是我一生革命征程的起点，一生文学事业的摇篮，对这里的一草一木，我都有着充分的感情。

链接注语： 梁斌是个非常重感情的人，凡是教过他的老师，影响过他的人，他都不会忘。
——刘光人回忆录《梁斌其人、其事、其文》

● 十五岁,
离开高小,
成为初出之犊

梁斌自述:

二哥赶着大车来到门口,帮我搬了行李装在车上,我去辞别我的恩师们。我走进化鲁老师的屋里,他见我进去,站了起来,说:"你要走了?"我低下头,合着嘴巴说:"是!"

他摸着我的头顶说:"文学是一生的事业,我喜欢文学,但无所成就。小弟弟,希望你努力前进,能登上山顶。求学问的人,好比一个财迷的老头儿,捣粪捣出一个小钱儿,也拴在辫子绳上。要一点一点地积累。你今年十几岁?"

我说:"十五岁!"

他说:"你才十五岁,五年之后,十年之后,你大学毕业的时候,才二十几岁,'高山仰止,景行行止'啊!希望你能成为中国的作家!"说着,转回身在他的书橱上捡了一抱旧杂志,有《创造月刊》,也有《语丝》。

梁斌从保定二师至新世纪剧社,至开辟新区参加土地改革,至新中国成立后专业从事文学创作,他用了大量的时间宣传群众,武装群众

● 因为母亲病重,
有人说给儿子娶亲冲冲就好了,
母亲答应了一桩婚事,
女方比梁斌大三岁。

梁斌自述:

我结了婚,也没冲了喜,母亲的病反倒越来越重。有一天,我正在母亲头前读书,她向来对我的新妇一字不提,她不喜欢。父亲走进来,手里攥着一把红枣,笑着说:"你吃一个甜枣吧!才摘下来的。"

我见母亲有笑意,知道她想吃。拿了一个碗,把红枣洗了,叫母亲吃。谁知只吃了一个,就咳嗽起来,咳嗽了又咳嗽,忽然一口鲜血吐出来,头往枕头上一沉,就断气了。我慌了手脚,跑到院里大喊:"娘不好了!"四姐跑过来看了看,大哭起来。不一会儿工夫,香哥来了,铁哥来了,兰玉哥也来了……

三天的丧事,一家人的嗓子都哭哑了。自此以后,我就成了没有母亲的人,可也了却了一桩大事。人,到老来总有终结吧!但有时和父亲一块儿吃饭时,想起母亲,我就想哭。

链接注语: 在梁斌的一生记忆里,母亲过世后的几天可能是最难过的。
——王洋、田英宣《梁斌传》

● 母亲去世后的第二年春节,
梁斌参加了村民联合起来的
反"割头税"斗争

梁斌自述:

这年冬天,同学沈炳南来访,对我说:"你是团员,要组织串联反'割头税'运动!"我参加了,在一天深夜,我和梁老宠把红绿纸印成的传单,贴遍全村。

腊月二十七日,城里大集,趁着集日开大

会，砸了盐店，到县政府请愿，要求县长出来讲话，免收"割头税"……我把这场轰轰烈烈的农民运动写进《红旗谱》第二卷中。

链接注语："割头税"，是针对农民过年杀猪而征收的"猪头税"钱，几个乡绅先出钱从县里包下"替农民杀猪"的权利，然后再提高屠宰价格，杀一口猪要一元七角钱，把猪鬃、猪尾巴、大肠头，尽数收去，变相掠夺盘剥。农民受不了了，大年二十七，家与家、村与村联合，人山人海，趁着大集，进县城请愿。这是梁斌最早参加的农民运动。

——王洋、田英宣《梁斌传》

• 报考有"红二师"称谓的保定省立第二师范学校

梁斌自述：

丁老师讲国文确实出色，他也是拥护创造社的，第一课就讲郭沫若的《棠棣之花》，随后讲郭沫若的诗《女神》。……在他的诱导下，半年中我读了很多书：鲁迅的《阿Q正传》及他的其它短篇小说，郭老的《前茅》《恢复》，蒋光慈的《冲出云围的月亮》以及辛克莱的《屠场》等等。

保定二师的校舍是最讲究的：南斋五排，都是坐北朝南，两出水的瓦房。学校是完全官费，书籍衣物自理。规定每月五元伙食，扣去五角，归图书费。早饭是稀饭馒头，中午晚上都是四个菜。开学以后，十三班同学朱瑞祥介绍我参加了反帝大同盟。当时血气方刚，有"命"就"革"，也不管三七二十一。

我一直保持读课外书的习惯，曹牖民送给我十几本书，其中有郁达夫的《沉沦》、蒋光慈的《战鼓》等。

《岘山近行》

27·画说梁斌

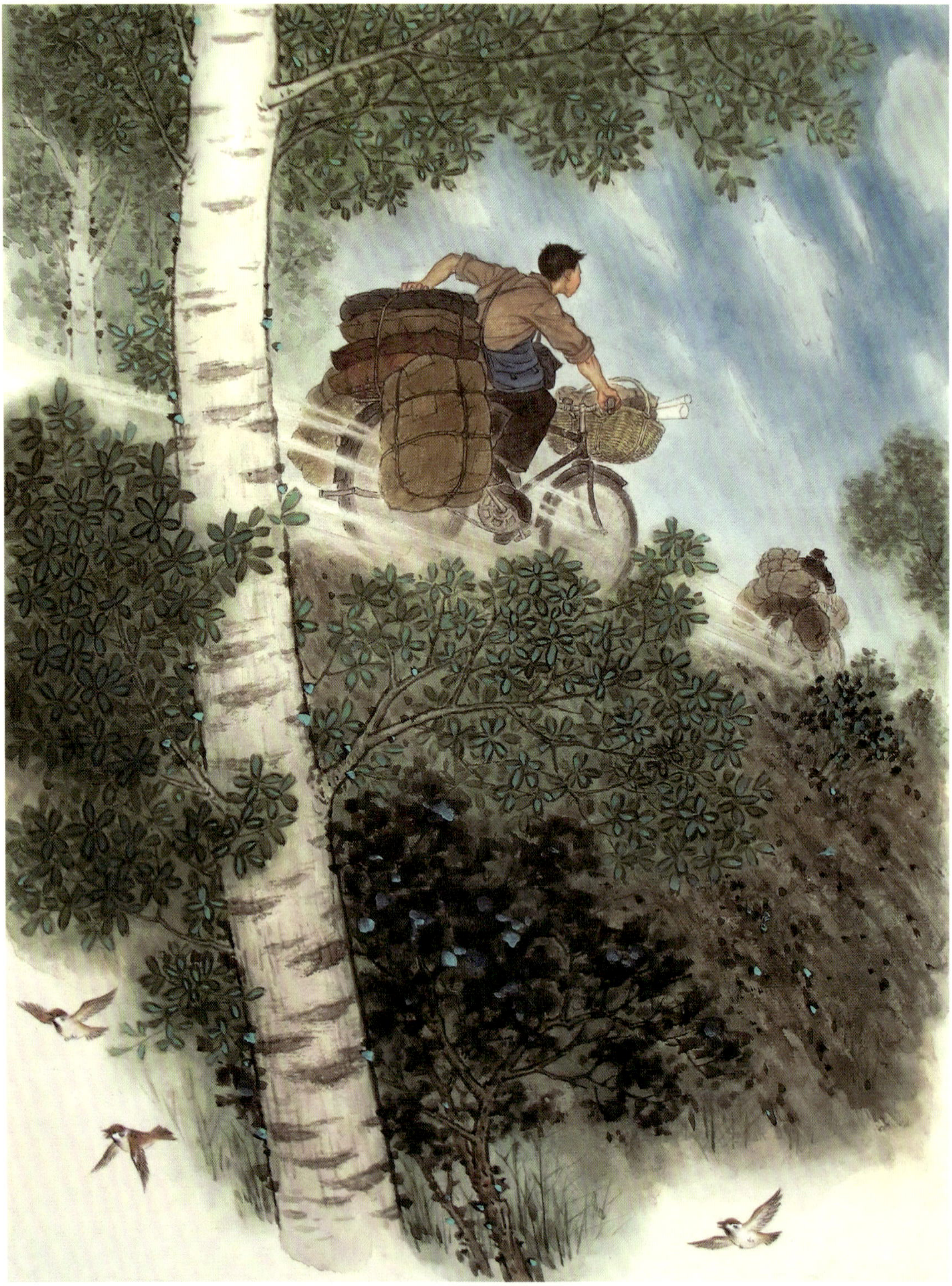

- 一生最难忘的回忆：
"九·一八"事变前后的"二师学潮"。

梁斌自述：

1931年春天……转移了团的关系信，在第二师范，我过了最严格的组织生活，每礼拜开一个小组会。要汇报工作，做批评和自我批评，常有党的文件阅读。有一次读完，搁进袍子口袋里……训育主任带着校工搜查，吓了我一身冷汗。

暑期将到，高级班同学毕业，他们的意见：趁着他们还在，把（校长）张陈卿轰了，不然，他们走了，我们就遭难了。

睡至三更时分，全校电灯忽亮。同学王育杰来叫我："梁维周快起，在礼堂开大会！"人们纷纷起床，向礼堂走去。路上看见校长门前、训育主任和教务主任门前、会计科、大门口，纠察队都已站上岗，手里拿着军棍和教学枪，据说已割断电话线。

大会开了，有人站在主席台上宣布学潮开始。第二个人宣布了张陈卿的三大罪状，最大的罪状是贪污。最后宣布了护校委员会的名单，这是学潮的领导机构，其中有我的名字。

这年9月18日，发生了沈阳事变。第二天中午，还未下课，听到这个消息，人们一齐拥到图书馆。有人站在桌子上，读着这条消息：日本鬼子炮轰北大营、兵工厂……不等说完，人们跳起脚来，高呼："打倒日本帝国主义！""把日本鬼子赶出去！"义愤填膺，同仇敌忾。

自此以后，天天报纸上的头条消息都是中日战争。

学生会请求开军事课。学校当局请了一个当过师长的人讲军事课。成立了学生军，开始军事训练，准备开赴前线抗日。

自此，我投入抗日救国的高潮。每日下午课毕，携带宣传品深入工厂、农村，告诉工农大众我们的祖国到了危亡的关头，唤醒广大群众起来抗日救亡。我参加了粉笔队，上大街书写标语……画白了保定市的墙壁。参加了南大桥飞行集会、西郊飞行集会，开展宣传鼓动工作。……有一天，学生会派出二十多个人到南关码头，检查日货，我也参加了。

不久，《保定日报》宣布了第二师范的三十名共产主义思想犯、五十名嫌疑犯。嫌疑犯中有我的名字。继续来的消息是：反动军警包围第二师范，形势危急，保属特委号召募捐，帮助二师同学。我和曹牖民到处奔走募捐，送到县里去。

链接注语：

1932年春，全国抗日救亡运动风起云涌，二师学生宣传抗日更为活跃，走出校门，到城市和乡村组织飞行集会，号召民众抵制日货，国民党当局非常嫉恨，5月突然宣布因经费短缺提前放假，学校即被关闭。中共保属特委组织了留校学生代表团，学生选取出12人，轮换住在保定，观察教育厅动静。

6月13日，教育厅改组教职队伍，任命新校长的消息见诸报端，中共保属特委决定发动同学护校。接到通知的学生纷纷回校，要求教育厅收回成命，当局用军警围困、断电、断粮手段威迫学生屈服，学生坚强不屈。7月6日清晨，当局突下毒手，在密集枪弹掩护下，军警冲进学校，学生徒手与之搏斗，校园到处血迹斑斑。最终，12名党员、1名团员惨遭杀害，40名学生被捕，史称"七·六"惨案。

梁斌因参加抗日护校活动，吃不好睡不好，每天下午发烧，身起红斑，头发脱落，得了重度伤寒，"七·六"惨案发生前，被三哥接回家疗病。"七·六"惨案后，从逃出来的同学口中，他得悉真情，从此这成了他心中永远难愈的伤口，一生不歇的痛。

——宋安娜《解读梁斌》

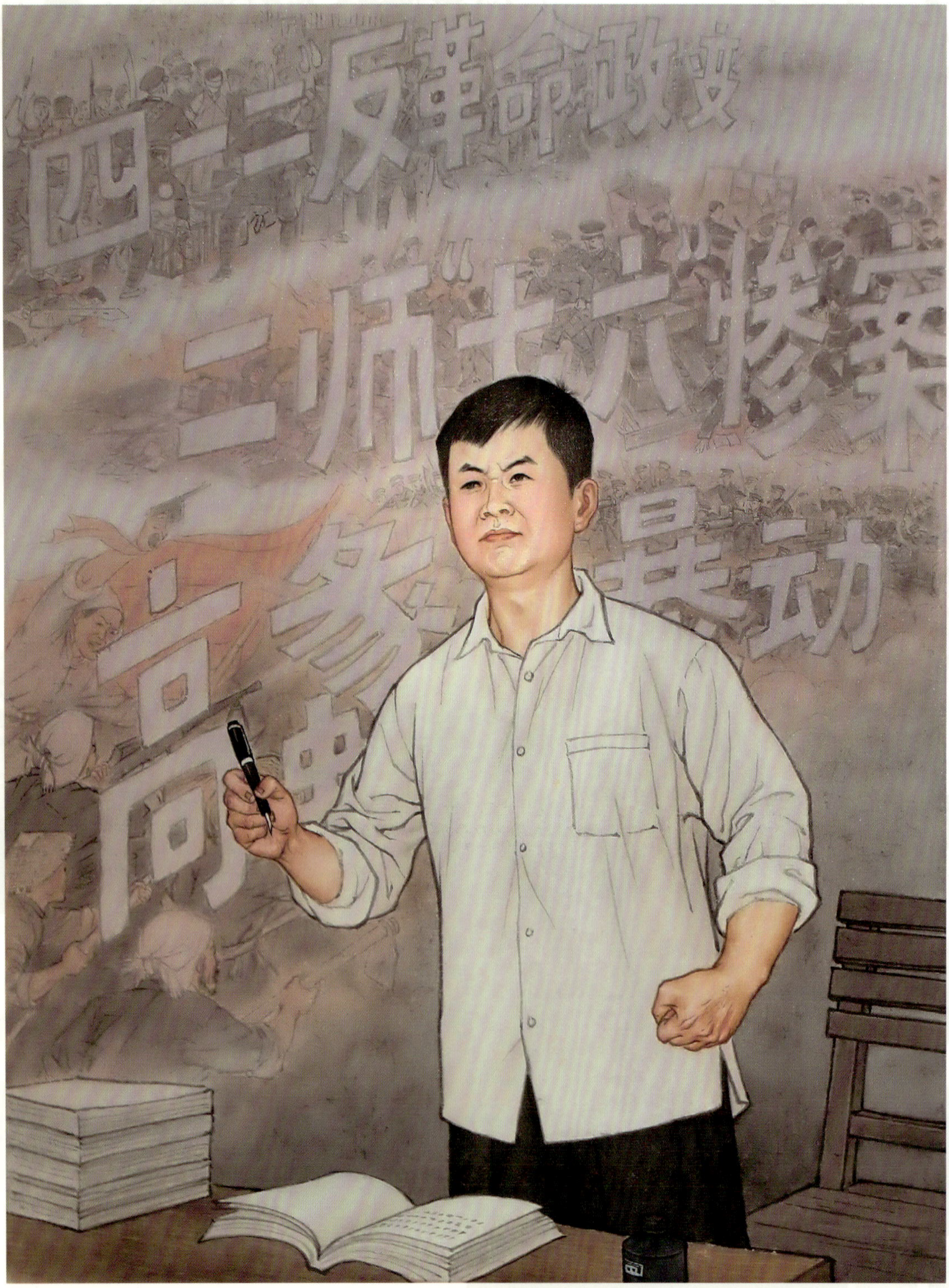
四·一二反革命政变
惨案
暴动

- 继二师"七·六"惨案后，又目睹了发生在身边的"高蠡暴动"。

梁斌自述：

该年九月，发生了"高蠡暴动"，暴动的地点：宋洛曙在孙、宋、杨、马庄一带。

红军到处，开仓济贫，打死地主，收缴枪支。白军逮住红军，用刀砍，用铡刀铡，把人头挂在树上，挂在城门上。这些事我写在《播火记》和《烽烟图》中。

自入团以来，"四·一二"反革命政变，是刺在我心上的第一棵荆棘，二师"七·六"惨案是刺在我心上的第二棵荆棘，"高蠡暴动"是刺在心头上的第三棵荆棘。

自此以后，我下定决心，挥动笔杆做刀枪，含着一生的辛酸向敌人战斗！

链接注语： 保定二师"七·六"惨案发生后，仅隔两个月，冀中腹地发生了"高蠡暴动"，为了抗日，配合南方苏区反"围剿"，党团员和革命的农民、知识分子组织了北方红军，开仓济贫，打杀地主，攻下许多寨堡和城落，在国民党十四旅及高阳、肃宁一带敌人的合击下，起义遭到失败。

梁斌当时在外地从事革命活动，暴动中的牺牲者，有不少是他的同学和乡亲，他们英勇从容就义的情景，不断传到他的耳朵里，深深地烙印在他的脑海中。
——刘波、刘绳《作家梁斌在冀中》

梁斌为保定二师"七·六"惨案的烈士题"七·六"烈士千古

梁斌在母校的校友录中有记载，是著名文学家。在省部级校友的排列中直到今天也没有他的名字，学校没人知道他是省级干部，他也从不提及

梁斌与二师同学话当年

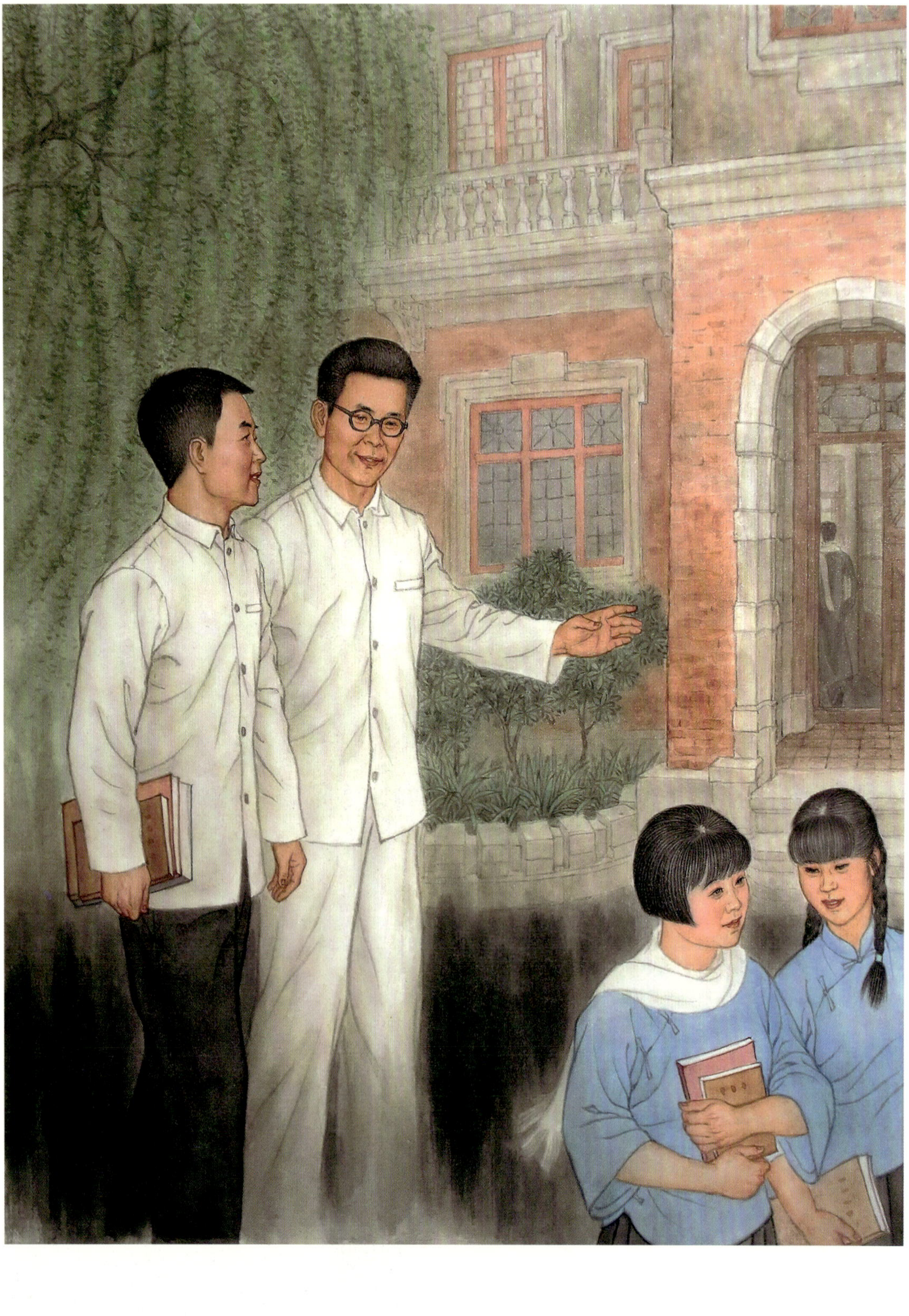

- 二师学潮和"高蠡暴动"后，名字上了被追捕的名单，梁斌毅然赴北平。

梁斌自述：

中午时分，车到北平西车站。我雇了一辆洋车，到地安门外。一进二门，姐夫刘耀奎正在北房台阶上站着，见了我，笑了说："大兄弟来了，怎么也不来个信？"我来了之后，二姐并不表示高兴。

费了几天工夫，我摸索到去北京图书馆的道路。

北京图书馆，门口挂着一块大牌子，进了红漆大门，甬路两旁，是两片草地松林。据说这座图书馆是用发还的庚子赔款建成，富有民族风格。当时建成不久，大理石台基，屋顶是飞檐斗拱、红绿琉璃瓦建成。

大型书案和圆形座椅都是菲律宾木的，阅览室中鸦雀无声，是一个读书写文章的好地方。据说原来在北海，名北海图书馆，后来移于此，藏中外文书及古籍数十万册。我当时觉得能找到这么一个地方，比上什么学校都好。

因为没有车子，每天吃了早饭，即来到这里，苦读一天。晚上写二三千字的文章，第二天就寄出去。有时抄一遍，有时连抄也不抄。第一次得到稿费喜不自胜，特别高兴的是，不几天工夫，在这里遇上二师的同学。

一天上午，我在屋里读书。门铃一响，走出去一看，是我的二师的老师丁浩川，衣着朴素，穿着一条白学生裤子，白布衬衣。我紧紧和他握手言欢。……第二天我即到沙滩的一个公寓里去看他。通过他，加入北平左联……自此，我们每天在图书馆相遇，在一块读书写文章。

链接注语： 二师学潮后，梁斌遭通缉，被迫亡命北平，加入北平左翼作家联合会。整日在图书馆看书，接触20世纪30年代中国文学，苏联初期的革命文学及俄罗斯批判现实主义的书。开始写文章并向平津各大报纸投稿。在《大公报》发的两个短篇，一篇是《芒种》，是写贫农新麦登场，地主少爷来索债；一篇是《农村的骚动》，是写盐巡到农村剿捉制私盐的盐民的。

《农村的骚动》发表在前，时间为1933年6月11日，是迄今发现的梁斌最早发表的作品，被当作处女作。实际上，此前的1930年上半年，梁斌曾仿郭沫若的《凤凰涅槃》写过一首《麻雀与鹞》的寓言诗，公开发表在《保定日报》上，遗憾的是，这首诗现在找不到了。

——宋安娜《解读梁斌》

20世纪70年代末梁斌与路一、刘纪、刘光人、王林在天津

1979年梁斌在北京与保定二师的老同学臧伯平、朱滔、杨士杰等合影

- 在北平，
  住在二姐家，
  以写作为生的同时，
  接触了国民党的一些军官。

《烽烟图》历经29年坎坷，于1983年出版

梁斌自述：

在这一时期我读了很多书，热衷于俄罗斯文学：托尔斯泰、屠格涅夫、涅克拉索夫、普希金等人的作品吸引了我，也有日本左翼文学。我连读三遍《复活》，读了几遍《猎人笔记》，也读《蟹工船》及《没有太阳的街》……

我的文章都是有的放矢，不是无病呻吟。

我为了纪念山海关失守，长城各口——冷口、喜峰口之战，凭吊那些为保卫祖国而战死者，写了一篇《新麦子面纸》，为这些无家可归的"野鬼"鸣不平，为国民政府不支持长城各口抗战鸣不平。

日本飞机不断扰乱北平上空，并打机关枪。一日，有四十军的两个青年军官来访刘耀奎，一个是团副史祝三，一个是营长李振清……我跟他们谈得很欢洽，曾谈到国共关系、日寇侵华……及个人前途，介绍他们读进步书籍，开了书单。自此以后，刘耀奎有明显的左转，对共产党的政策有好感，叫我给他讲社会进化史及辩证唯物论。

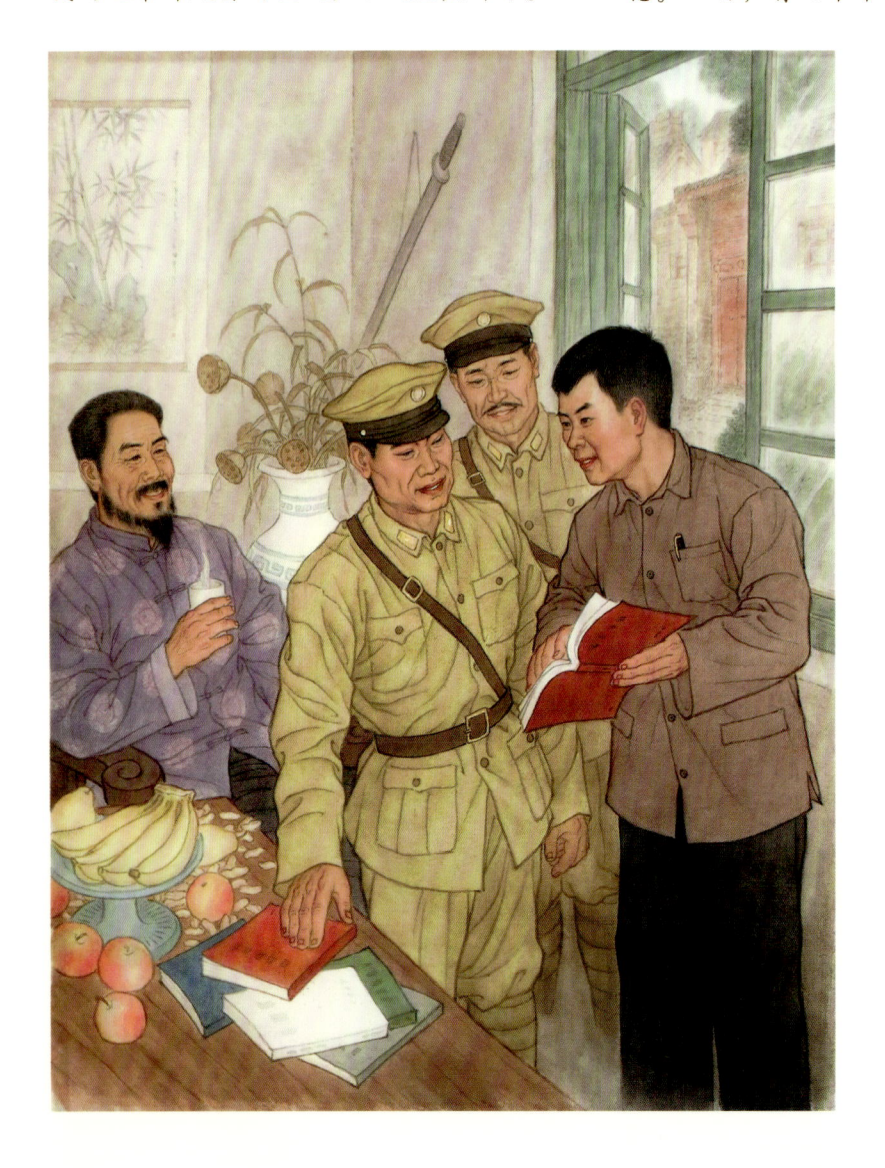

链接注语： 记得当时梁斌受四十军李振清的邀请，有过一个以文书和私人教师的身份，打入国民党军队，为国共建立统一战线做运工作的机会，不到一年，被国民党特务发觉，他跑了回来。

——路一回忆录《漫漫征程》

- 在北京图书馆附近，租了一间小屋，过起文学青年的生活。

梁斌自述：

二师同学陈鉴民，他刚从老家回来，我约他来同住。

自此，每日和二师的同学杨仁廷、陈鉴民、袁宝昆、魏思荣、杜俊宾等人，在图书馆相遇，说说笑笑，一无顾忌。今天想来，这不会不引起特务们的注意。

西屋里搬来一个人，探头探脑的。有一天晚上，我刚睡下不久，公寓里的小孩子在院里大喊："陈先生！有人叫门，直骂街！"我立即披衣起床，说："鉴民！慢开门。"鉴民心上也有所警惕，说："就说咱们是表兄弟！"不一会儿工夫，几个人踏着皮鞋声，叽喱咕哒地走进来。一进门，一个人手里拿着一只手枪对着我，说："你姓陈？"我说："我不姓陈，我姓梁！"

屋里几个穿黑大衣的人，翻箱倒柜，这时我心里猛醒："啊！这是一群特务，我们被捕了！"

前几天才住进的那个房客，探头探脑，我们也没注意，现在才明白了。

过了十几天，有人叫我："梁维周！你的事儿完了！"我出溜下炕，走出来，先到办公室取了衣物，系上腰带，走出小门。

回到二姐家里，方知道托了许多人，才把我放出来的。

老家不能久留，保定不能待了，在北平又曾被捕，如果再被捕就不好说了。此时，我虚岁二十一岁，实岁只有二十岁。

链接注语： 梁斌住处被查抄的当天晚上，二师流亡北平的同学，差不多都被捕了。狱中受审期间，为避免当局追查到以梁斌名义发表的许多进步文章，梁斌始终书录的是梁维周的本名。

——王洋、田英宣《梁斌传》

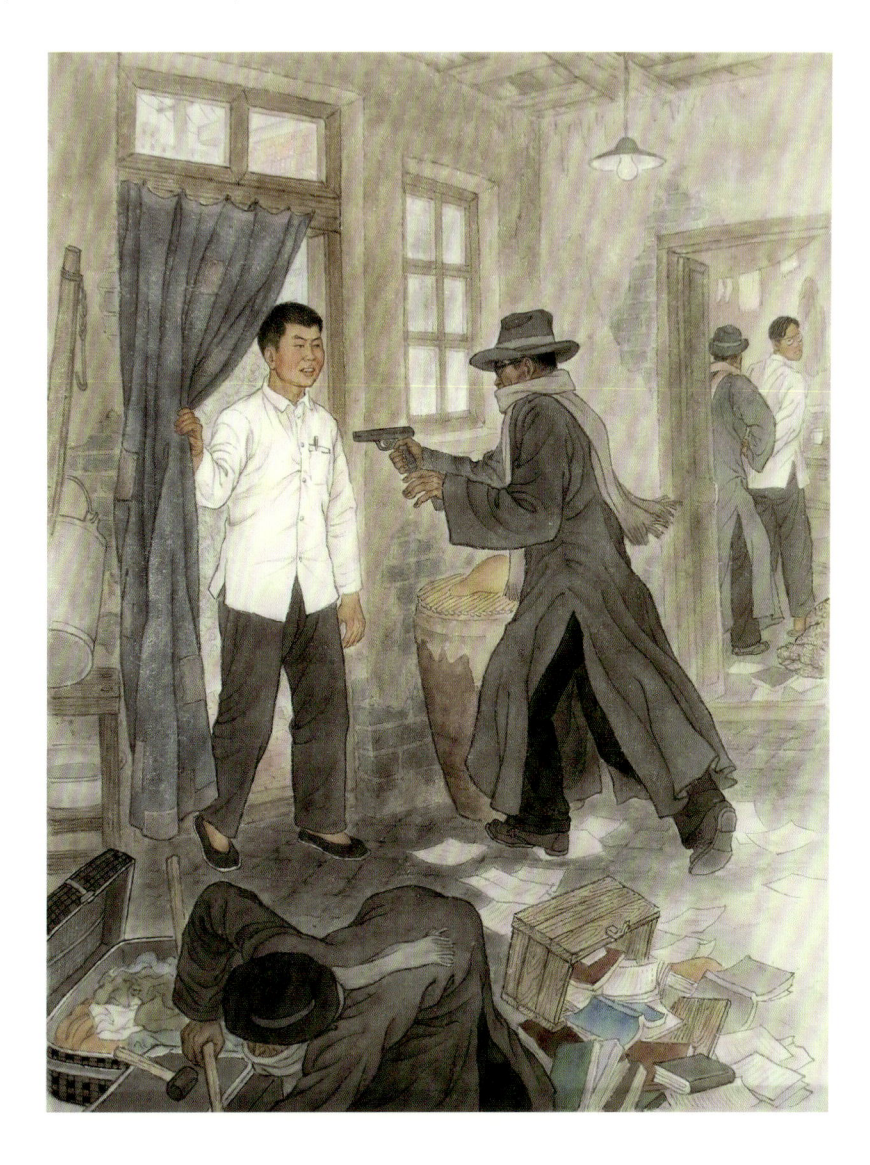

- 报考山东省立剧院，同去三个人，榜上只有梁斌的名字。

梁斌自述：

这天下午，车抵济南，在济南城里，孔庙门口停下。孔庙的大殿改作宿舍，殿很大，能住几十个人，每人一块床板。

女生宿舍在剧场的三楼。据说崔嵬、魏鹤龄诸人，皆是数年前出自此处，叫作山东实验剧院，当时院长是刘大悲，教务长是王泊生。中间停了两年，现在是第二次开办，叫作山东剧院，后台是韩复榘。

过了两天，叫每人填写一张表格，我填上想学老生。分好组一看，我分在花脸甲组。

院长王泊生原是北京某校戏剧系的学生，京东望族，熊佛西先生的高足，在戏剧系学习时，即主张学京戏。他的主张是"新歌剧运动"，熔京剧、昆曲、地方戏、话剧、歌曲于一炉。他认为京戏有黄钟大律之音，可以代表中华民族的气魄，所以总的功课以京戏为主。话剧的课程由吴瑞燕先生讲，头一课讲了日本菊池宽的《父归》。

这年的冬初，老家寄来了棉衣。冬季，我和岳稚珪、张之湘到民教馆剧团去看了一出《少奶奶的扇子》，很为羡慕。山东女师的业余剧团，借我院的剧场演出《雷雨》，演得也不错。这一时期正是济南戏剧运动的全盛时期。

1935年的春天，我与岳稚珪、张之湘、吴发在济南的一个报纸上出了一个副刊，叫《剧与文》，有小报一版那么大。第一期出版就轰动了全校。在这期上还刊登了我的一篇散文《塞外风光》，是写我的宣化之行的。此外，还写了《姐姐》《夜之交流》几个短篇，都是用礼拜六和礼拜日的时间写的。

刊物一出，提高了我们的身份，我与岳稚珪、张之湘、吴发酝酿成立话剧团。

链接注语一： 在山东省立剧院，梁斌原本想学话剧，但却被分到花脸组，观摩了许多戏剧演出，特别是"学昆曲先学《弹词》，学二黄先学《二进宫》"，这两出戏为梁斌的花脸行当，打下坚实的基础，以至为梁斌九年之后在《李自成》中成功地塑造牛金星一角，创造了有利条件。

——阿庚回忆录《梁斌的戏剧情缘》

链接注语二： 其间，梁斌与几个意气相投的同学，在济南一家报纸上出了一个副刊，以反对旧戏、批判封建主义为主题，在学校引起轰动，并形成与校长王泊生主张传统旧戏的鲜明对立。多年后，梁斌在《山东剧院之行》一文中阐明原因：我们反对王泊生，不只是因为他热衷于旧戏，而且是因为他给国民党宣传部长张道藩上的那份借复古之名，对新文化进行围剿的《上中央建设中央剧院意见书》。

——王洋、田英宣《梁斌传》

- "五四"后进步文学影响着他，山东省立剧院学戏二年，回到北平，还过"左联"生活。

梁斌自述：

我每天从骡马市大街走到图书馆去读书。

夕阳西下，七八点钟开始工作，一直工作到夜两三点钟才睡觉。夜晚多是写东西，有时写诗，有时写文章。这一时期写了散文《塞外之行》及笔记《卢梭〈忏悔录〉读后》等，发表在《华北日报》上。

一日，骑车行经中天电影院门前的广场，前面走着一个卖砂锅的，挑着担儿，因为心不在焉（构思人物、情节、故事），也闹不清是我碰在他的担子上，还是他故意把担子一横，挂在我的车子上。花筐上的砂锅叽里咕噜滚了一地，警察慌忙赶来，敲了敲，捡了捡，一共该赔他三块多钱，一摸身上没有带着，只好把笔记簿子押给他，回会馆取了钱来，还了他三块多钱才算完事。脑瓜子太热了！

王子云在天津办了个《北调月刊》。我把《姐姐》那篇小说修改了一下寄去了。不久刊物寄来，是一个小册子。此后，王子云常来信要文章。我记得《塞外樱花》也是在这里发表的。《北调月刊》办得不错，是鲁迅先生说过的。

链接注语：1933至1936年，是梁斌在报刊上公开发表作品最多的时期，几乎每日一文，这对当时一个二十多岁的文学青年来说，是个奇迹。其勤勉，其才华，恣肆而绽放。除了小说、论文之外，其中绝大部分是杂文、小品文。

——宋安娜《解读梁斌》

- 1936年春，
  离开北平，
  回了老家。

20世纪80年代梁斌与老战友合影

梁斌平时专注于文学创作，日常生活都是由夫人散帼英打理

梁斌自述：

我虽然在家里治了半年病，但脑子里仍在构思，手不离书本，一有机会就宣传共产党的抗战救国的主张和共产主义。

卢沟桥一声炮响，政治形势起了急剧的变化。我们急于联合有志之士，开救国会筹委会。

这天早晨，我早早吃了饭，走到路一处，一进门，廷华、知吾、路一正在屋里坐着，谈论如何建立党的组织。我说："那我们就该成立支部！"廷华拍手大笑："正是这样，我们先成立一个蠡县中心支部。"谈起建立支部，个个愁眉苦脸变为喜笑颜开，我们是多么希望党的领导啊！

自此以后，我与廷华、知吾经常住路一处，无处搭铺，我们就和衣睡在学生的课桌上。在一起谈论如何开展农村抗日救亡运动。说也奇怪，过去在家里愁闷，吃好的喝好的，都吃不下去。自此以后，心情愉快，每天吃大饼、小米稀饭，都香甜得不行。眉宇之间那个疙瘩也散开了。

链接注语： 1937年，卢沟桥事变，梁斌加入中国共产党，人生进入一个新的阶段。
——宋安娜主编《梁斌传略》

1979年在北京与冀中区党委和新世纪剧社部分老同志合影。第二排左起第五人为林铁、程子华、吕正操等

39·画说梁斌

- 敌人打到家门上，抗战初起，参加并组织的蠡县第一支游击队。

梁斌自述：

北方炮声响了……我们了解情况后，回来仓促地说："敌人到了望都了，我们要搬家，你们回去放手搞去吧！"

定县城里是个四十里的大城，城里都种着庄稼，我们走出闹市，停下车子，静听北方的炮声，已经很近了。骑着车子走出城外，月亮已经东升了，困难当头，连月亮也不明亮了。心里发急，两脚蹬着车子，骑得飞快。乡下的公路不平，坑坑洼洼的，所以我们不断地摔跟斗，摔倒了爬起来又跑，也不知道跑得多快。

到了城门口，遇上一队马队、一队车子队从城里跑出来，行色仓皇。保定失守，这些做官的人们也不知如何是好了！曦亭说："要紧的是，这个当儿我们应该怎么办？"青季说："我们缴他的械，成立游击队！"

来到公安局门口，遇到警察长陈金波，曦亭大喊："保定失守，敌人来了！是抗日的跟着走，不抗日的把枪放下！"陈金波吓坏了。在众人胁迫下，他走回办公室，取出钥匙，开了枪库。枪就在架上，我们每人拿了几支出来……在校长办公室里点了数，共是七十二支。

保定失守之夜，蠡县的第一支游击队诞生了。以上这一段生活经历写进《烽烟图》里。

- 兵荒马乱岁月里的游击生活，在棉花秸地里过夜。

梁斌自述：

兵荒马乱年月打游击，我们白天走，晚上就在棉花秸地里过夜……四周不静，睡也睡不着。繁星照着，天光似水，我们两个人一对，背靠着背取暖。天刚黎明，即开始上路。

这一天，走了一百三十里路，回到蠡县城。在大慈阁前找了一个小饭馆住下，吃饭休息。我先回老家看看，回到家里，已经是面目全非，弟兄六人分居了。孩子们分在小东院里，老父亲一人住在门房里。妻见我回来，眼里含着泪，把香炉放在桌子上，烧了三炷香……

孩子们分了三十多亩地，几间房子。孩子们小，妻还年轻，地是怎么种，不种又吃什么？我是在家过日子，还是外出抗日？心里翻上倒下，不得安宁。想来想去，国难当头，抗日要紧，我不能离开抗日队伍。

从林县回来，炮声响着，通牖领我到新世纪剧社去。

链接注语： 经过保定二师学潮和高蠡暴动的洗礼，经过北平左联的文学青年生活和入狱的考验，梁斌从一个热血青年变成坚定的革命战士，与大多数人不同的是，他选择了一条更适合自己的革命之路，一手持枪，一手拿笔，用文学和戏剧来参加革命。

——王洋、田英宣《梁斌传》

《风华正茂》

- 新世纪剧社唯一党员，
  二十二岁，
  当社长和导演。

梁斌自述：

新世纪剧社是一个自由结合的艺术团体，社员都是一些青年学生、小学教员，其中有高小时代的同学齐祖耀、傅铎、张振山、刘纪，见我来了，都拥到屋里来，一一握手，表示欢迎。当时的剧社共有二十多人。

剧社住在西小街上，一所土坯小房里。生活是简朴的，每天三分钱的菜金、二斤小米。没有时间表，自动地进行工作。

我是剧社唯一的党员，唯一上过戏剧学校的人，所以由我当社长和导演，演出的时候还当舞台监督。这年我是二十二岁，其他人年岁都不相上下。

"五·一"节要演新戏，我写了第一个剧本：《爸爸做错了》。这个剧本，素材出在廊坊。演出时与京剧名演员、女老生卢桂芬同台，台下观众不住地鼓掌，引起轰动，并连声呐喊。我自幼看戏以来，没有见观众热情这么高过，卢桂芬自此服了话剧。

这出戏打下了我在新世纪剧社工作的基础，此后的几年中，全冀中地区的县、区、村剧团相继演出，不下千百场，成为保留节目。

链接注语一： 新世纪剧社当时是县委领导下的一个新文艺表演团体，在冀中一带小有名气，原社长张春霖，梁斌来后张去学习，社长一职就落在梁斌头上。

链接注语二：《爸爸做错了》这出小戏，故事简单却很吸引人，讲的是：日本鬼子来了，当地一位乡绅带头在自家院内迎接日军，没想到日军讨要花姑娘，追着乡绅女儿到处乱跑。这出小戏演出后，一炮打响，使剧社名声大振。
——阿庚回忆录《梁斌的戏剧情缘》

1955年，梁斌辞去北京文学讲习所的职务，调河北省文联，从事专业创作

梁斌在南开大学讲座时合影

- 集社长、导演、编剧、舞台监督于一身，
  注意人物刻画，
  最早提出"话剧语言地方化"。

梁斌自述：

冀中抗联会王林、孙犁同志来社访问，我们请他们讲话。

当时我还没看过斯坦尼斯拉夫斯基的书，但我已经懂得文学创作上的现实主义，就地取材，以农民的生活、斗争、民俗，提炼出广大人民群众所喜闻乐见的表演体系。语言不用京白，不"撇京腔"，也不用土腔土调，采取一种折中的办法，提炼出一种特有的舞台语言。

有一天王林同志带着一个人走进来，白净面皮，中等身材，像是一个大学生。看了看我们的会议室，翻了一下资料。看了看我们的厨房锅灶，就走出去了。过了几天，王林同志问我："你知道那是谁呀？那就是黄敬同志！"我说："您为什么不做介绍？"他说："怕你们拘束。"这年黄敬同志正是二十六岁，二十六岁当区党委书记，执掌冀中游击根据地的一个局面，也真是不简单！

1961年梁斌在天津与冀中新世纪剧社的同志们合影

梁斌在北京与新世纪剧社战友们合影

1979年梁斌在北京与冀中新世纪剧社的老战友们合影

链接注语： 黄敬在冀中党委任书记时，对梁斌的工作给予过很高的评价。他与王林都认为话剧是舶来品，反映城市生活较多，台词都是京音国语，但在冀中一带农民不喜欢，往往有"撇京腔"之嫌，因此梁王二人主张，在家乡演话剧，既不用北京音也不用土腔土调，而是创造一种介于两者之间的台词语言。这是在中国最早提出的"话剧语言地方化"。
——阿庚回忆录《梁斌的戏剧情缘》

43・画说梁斌

梁斌谈《红旗谱》创作

● 行军，听贺龙同志讲话。
炮火声中不停止街头演出，
与敌人咫尺地进行战地宣传。

梁斌自述：
剧社从南庄转移到城东三十余里的王家营村。我借便回家看望，正在那天晚上，四分区的部队和二分区部队进攻蠡县城。杀声震天，围城附近群众也呐喊助威，由近及远，直到半夜喊声不绝。

在王家营住下来，我们照常进行工作，同志们到附近小学里去教歌、写标语、画墙画。千里写了一个活报剧，我们白天在庙台上演出，观众也不少。县救亡室晚上点着汽灯在街头上演讲。

一天早晨，正西方向有隆隆的响声，吃过午饭方知是敌人汽车、坦克车的声音。我们撤出王家营，出村时游击小组已在村东挖下掩体，手里拿着手榴弹，说："你们走吧，我们给你们掩护一下！"

贺龙同志带领百二十师挺进冀中，成立了军政委员会。晚饭以后，各机关团体在村边上集合，贺龙同志讲话，然后开始行军。三路纵队，两边是军队，把群众团体夹在中间。

一行军就是跑，跑得腿肚子痛。有时一边走着就睡着了。

有一天，早饭刚熟，敌人包围上来。一人挖上一碗饭，边吃边跑，一颗炮弹打过来，落在旁边，炸起黄土落在身上。

链接注语： 频繁的行军与战斗是梁斌和他剧社的家常饭。蠡县失守，剧社搬到距城东三十里的王家营那次，敌人就在离他们不远的大王村，围攻四分队的一个机枪连。疯狂的扫射连屋檐都给掀了下来，战士们都壮烈牺牲，只有几个人因躲进柴火垛才幸免于难。剧社只得撤出王家营，过潴泷河，回到区党委。

——王洋、田英宣《梁斌传》

1950年欢送襄樊地委杜专员时合影

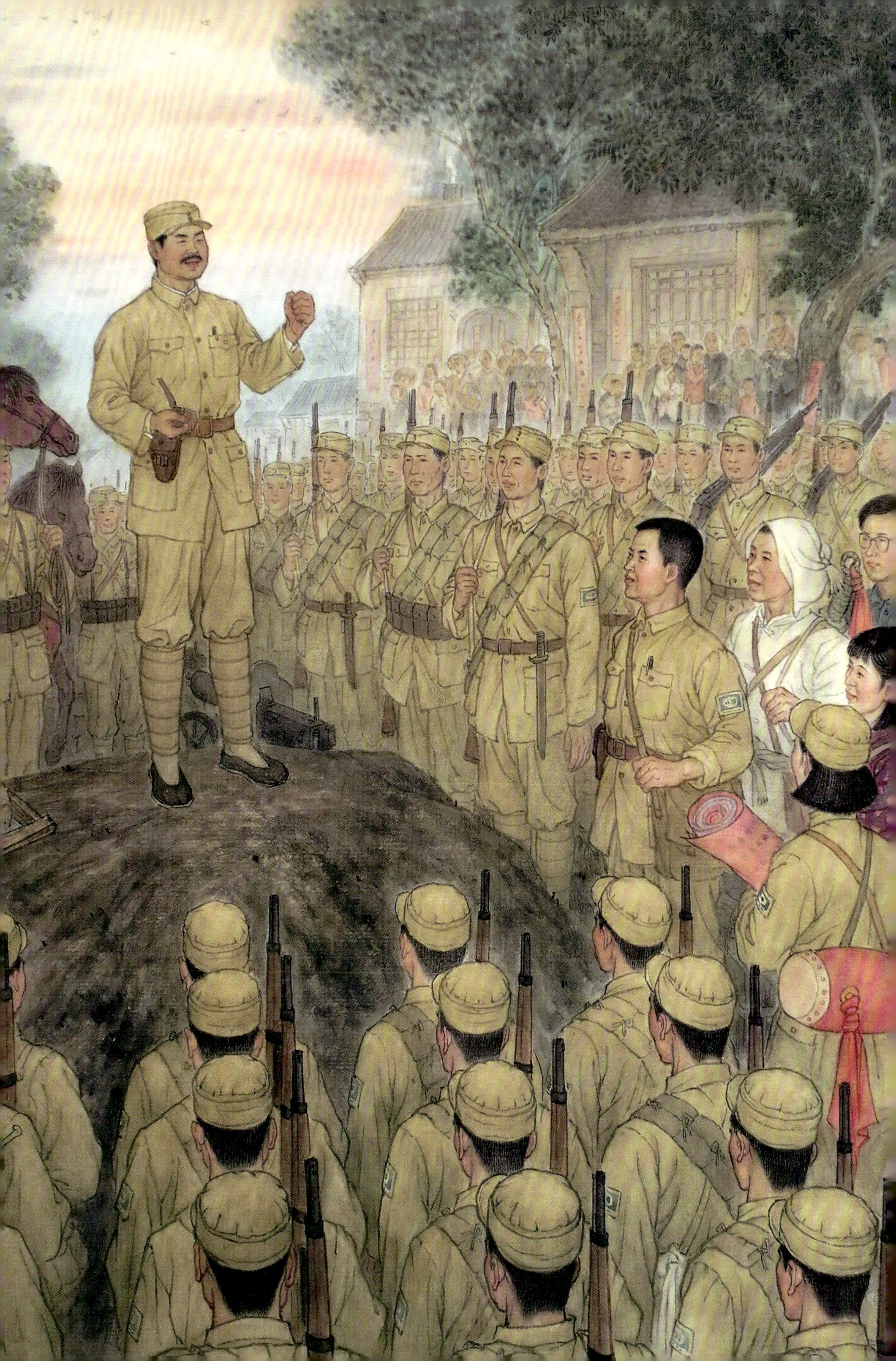

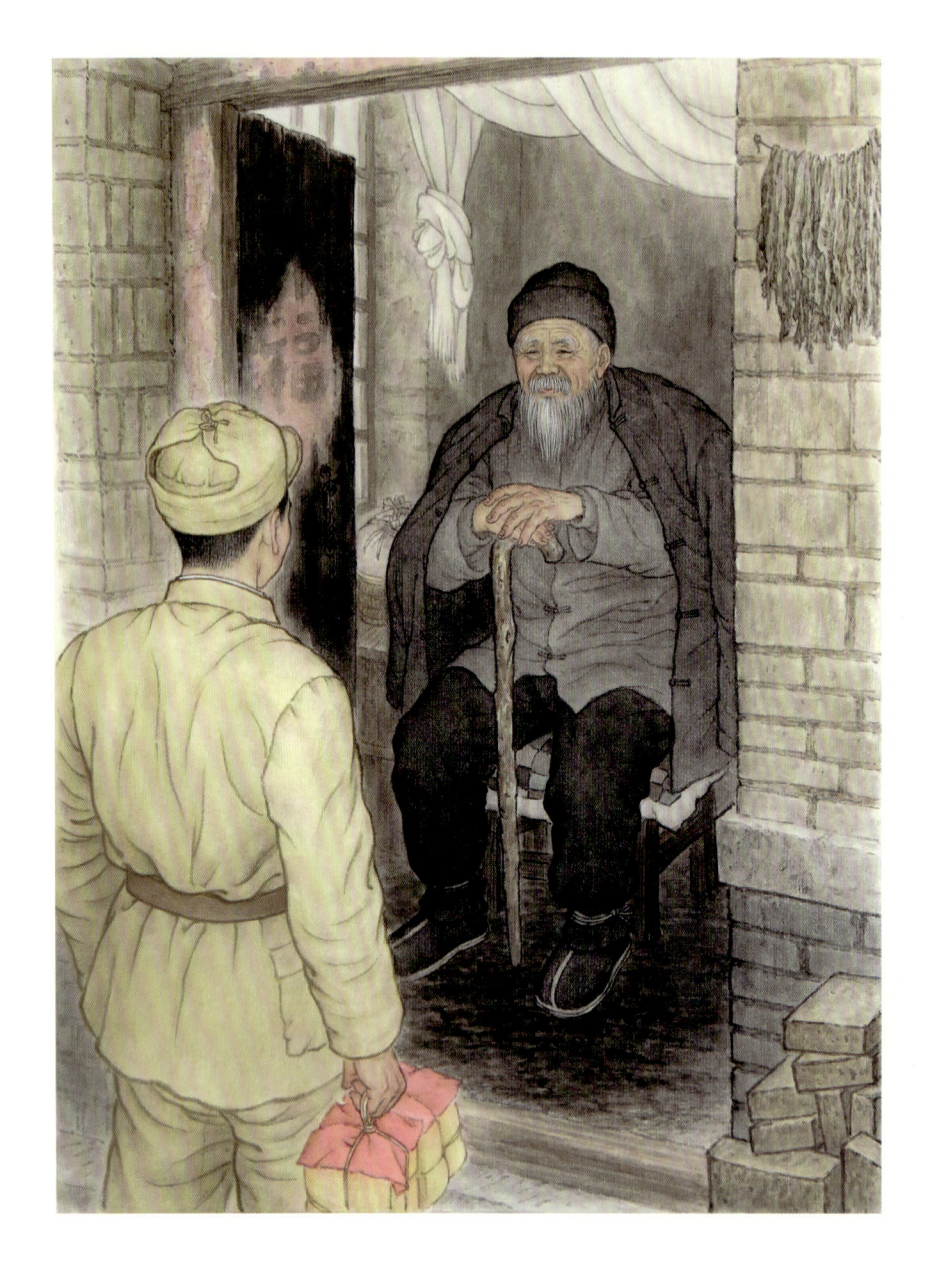

地都荒着，长了大深的草。村里代耕的也不好，吃什么喝什么呢？有一天晚上想起来，很是难过，就此硬着心头，离开家乡，回队工作。

这年春天，我又回过一次家，借邻家水井浇了浇小麦，正在浇着，有一个人走近来，说："县委捎了信来，叫你去谈工作。"我把铁锨交给邻居帮忙看畦，到了县里，找到春元。春元说："我们跟黄敬同志谈了，叫你去十一大队工作！"我说："我是学文学的，没有搞过军事。"

他说："去吧，将来你是文学家兼军事家。把城郊大队和几个区小队也编给你。"听他的口气，黄敬同志已经说了话了。

● 硬着心头，
为了民族抗日奋斗，
同时也心里很难过的，念家，想家。

梁斌自述：
年节，我抽空回家，看了看我的老父亲，一个人住在我的小门房里。战争期间，屋里没有炉火，八十多岁的人了，一个人冷冷清清的，我心里很难过。

兵荒马乱年月，妻还年轻，孩子们又小，

链接注语：1938年春天，我的家乡保定被日寇侵占，人们在一夕数惊中度日，人心惶惶，谣言四起，亡国论甚嚣尘上，梁斌率领一支没拿枪的队伍来了，我就是那次看了他们一个老头儿、一个小姑娘演出的《放下你的鞭子》，目睹了"打倒日本帝国主义"的群情激愤后，参加了抗日队伍，走到今天的。
——石坚回忆录《我的革命引路人梁斌》

- 1939年春，应付敌人扫荡，剧社化整为零，奉命出任蠡县游击队十一大队政委。

梁斌自述：

十一大队住潴泷河南岸的张家庄，直接上级是二分区游击总队。我是政治委员，到大队后的第一个工作，是改编城郊游击大队。共编了三个中队，一个特务中队，中队下有小队……共有三百多人枪。

时间已经过午，村支部书记刘廷贞和妇救会主任刘秀芳来了，问中午饭怎么吃法，是自己做还是叫群众做了送来。我侧起头看了看太阳，已经晌午歪了，说："敌情不明，吃饭已经来不及了，敛点干粮来吃吧！"时间不长，村里送了几筐干粮来，有棒子面窝窝，有高粱面饼。

游击队员们借了铁锨、大镐来，在墙头上戳窟窿，做工事。有一个敌人的骑兵小队远远跑来，我叫罗大队长发命令："准备战斗！"那个敌人的骑兵小队，一直向这个方向飞跑过来，罗大队长发了命令："正前方，敌人小队，瞄准！射击！"

在十一大队这段生活，写了《游击队之歌》《黄庄之战》两个短篇，都是用第一人称的手法写的。

链接注语： 一天，有人报告说抓到一个奸细，自称是北平来的学生，问是枪毙还是先扣押起来。战争的特殊时期，从敌占区来的人，没有身份证和联络关系，很难保住，不是被扣就是被杀。梁斌凭着韬怀和目光，审问了那个人，结果那个人真的是来投奔游击队的，不仅保住了性命，而且后来成了剧社的文化教员和主力小生演员。那个人，就叫刘之家。

——王洋、田英宣《梁斌传》

1984年回襄樊与老同事合影

● 1939年秋，排《夏伯阳》，冀中党委把梁斌调回新世纪剧社。

梁斌自述：

一同回冀中的，有刘光人、张震、傅铎、齐祖耀、王法曾、姚呐、刘田、王文波等十几个人。

第一个戏排路一写的《运粮船》，由我导演，由张震、郭濯、萧林主演。《运粮船》演出以后，赶排王林写的《夏伯阳》，这是《夏伯阳》那本书中的一个故事。这戏由王林改编，我导演，排练得比较细，演出很认真，效果比较好。

链接注语一：梁斌从十一大队回到剧社，正是剧社演员从分散到集中的时候，剧社被安排在康北代，康北代是个大村，冀中军区的机关都在这里。
——王洋、田英宣《梁斌传》

链接注语二：秋初，梁斌听说要回冀中区总部很高兴，买了一个西瓜，打开以后，一人一半，用手抓着吃。那时县大队住在蠡县齐家庄四存高小，二楼只有前窗没有后窗，不通风，又是秋老虎天气，很是闷热。
县大队政委，在县里已是不小的官了，但梁斌仍然提议，咱们全脱了吧。于是我们俩一丝不挂坐在地板上，面对面吃起西瓜。这个学校有上百间房，没有一个女同志，也不怕有人进来。

此前，1938年夏天，新世纪剧社在四合院住的时候，天降倾盆大雨，看着东西房水口喷出的水在院中互相交叉，大家都拍手称快时，梁斌高兴不过，看看左右没有女同志，让人关上跨院的门，也是突然把衣服全部脱光，一面哈哈叫着，一面让雨水浇遍全身。

我们第三次脱光屁股，是在1942年夏天夜过青纱帐，反"扫荡"的危险情况下发生的，周围都是敌人岗楼，他说，穿衣服不论白的和黑的，都容易被发现，只有光身子和夜色最接近，于是我们脱了衣服拿在手里，光身子夜奔。这是在最严酷的年月，梁斌天性的浪漫放怀。
——刘光人回忆录《梁斌其人、其事、其文》

梁斌文学活动五十周年合影

庆贺梁斌文学活动六十周年

梁斌文学活动六十年庆祝会盛况空前

● 冬天，
剧社到晋察冀，
从平原到山区，
战争情怀，战友情愫。

梁斌自述：

乍从平原到山地，觉得特别新鲜。平原上是一望无际的黄土大地。山里是大山包包、小山包包，还有很高的大山峰，仰起头也望不见山顶。山上有各式各样的石头。长圆形的石头子，在平原上叫老鸭枕头，小孩子们捡着一个，心里说不出的喜欢，到了山地里，这样的石头子车载斗量。

我拉马走了一截路，出了山沟。刚刚走到村口，远远看见一个熟人从西边走过来，仔细一看，是我的老同学曹牖民。离老远，他瞧着我笑，说："在这里遇上你了！"说着他把我的手握得紧紧的，我们已经几年不见了。……高小时代的同学，而且是金兰之交。后来在保定二师，二师解散，他教了两年书。在烟台中学工作了几年。后来遇上"七七"事变，辗转到了延安。这次见面，说不出心里有多么高兴。

晋察冀分局，当时叫北方分局，代号叫教育委员会。

第二天，我骑马到教育委员会去，走进北屋东头，一个女同志，穿着马裤腿灰布军装，高个儿，短发，穿着朴素大方。她用北方话问我："哪儿来的？"我说："冀中来的。"我把介绍信和一卷表格递给她。这个女同志，后来才知道是聂元帅的夫人张瑞华。

梁斌和郭春原、黄胄、刘肖岩同志畅谈

梁斌和老朋友们在一起

● 历史上从没有过的赶考：
带整个新世纪剧社，
长途跋涉，进华北联大。

梁斌自述：

过了几天，我又骑马去北方分局，见着张瑞华同志。她说："你来了正好，我和彭真同志、刘仁同志商量了，叫你们到联大去。住在城南庄，成仿吾同志在那里。"说着，把那卷表格递给我，又给了我一封介绍信。

"联大"的全称是"华北联合大学"，是才从延安来的，中央教帮助敌后根据地训练干部。校长是成仿吾同志。这是一个响亮的名字，是创造社的名人、大作家。十年内战时，他在中央苏区当党校校长。

链接注语一：从冀中到冀西，要通过两道封锁线，剧社第一次集体过路，长途跋涉。月光下急速前进中，前面传来一个口令"往后传，不准打手电"，不知谁，过分紧张，传成"往后传，不准大小便"，成为日后的笑谈。

链接注语二：梁斌在联大见到了任戏剧系主任的崔嵬，通过聊天才知道，他们都在山东剧院学习过，崔嵬比他早几届，参加过上海左联，他们的经历有许多相似的地方。开学典礼上，崔嵬在话剧《蓝包袱》中，为学员们示范演出的老头儿，语言、形象、动作、神气，都让梁斌叹赞不已，这成为日后电影《红旗谱》中朱老忠形象得遇的一个前缘。

——王洋、田英宣《梁斌传》

● 联大回来，路经黄敬老家史家寨村，遭遇日本鬼子的飞机轰炸。

梁斌 自述：

忘记走了多少日子，走到平山县的上庄，半山腰里，山下有一条大河，河水不分昼夜地哗哗流着。那种水流的响声很似山坡上的大叶杨，迎风响着哗哗不止……这种哗哗的流水声，是我一生难忘的。

我带了一个小鬼，到北方分局去，请示行止。正好是张瑞华同志接电话，她听说我是梁斌，就说："黄敬同志在这里，你跟他说话吧。"

黄敬同志说："你们住在哪儿？……回我们家吧！先到这里来，我看看你们。"

北大悲到史家寨有一条小山沟，沟中有一条小溪，我们踏着小溪上的石头小路到了史家寨……见到了黄敬同志，听了姚依林的两个报告，演出了一个晚会。

第二天，出发到曲阳。队伍走过一个山梁，有一个大山村，适逢大集……正在这时，来了一架日本鬼子的飞机，擦着山头飞过来，飞得很低很低……丢了几颗炸弹，一颗炸弹落在我的身旁，几块弹片和黄土落在我的身上。骡子受了惊吓，挣断了缰绳满山乱跑。幸好，驮子没摔坏，几个人跑上山去，把骡子牵了回来。

战争年代，飞机和炸弹也不是罕见的东西，飞机飞远了，人们对于这场轰炸哈哈大笑，重集队伍继续行军。

● 平川上一个静谧的山村，黄敬的话深入浅出，一听就明白了。

梁斌 自述：

李台，山下平川上一个静谧的山村。村外有很多大树，有松树，也有杨树……我们和其他机关一同去帮助秋收，出了一个小报，我还写了一篇小文章。

为了今后的工作问题，我去拜访黄敬同

链接注语一： 1940年—1941年，在冀西曲阳等地，开办文艺训练班，梁斌任校长，负责教戏剧理论课程，还筹划口粮和发展党员。与此同时他还把新世纪全体社员，分配到各区开办小型文艺班，辅导各地村剧团，就这样训练了众多男女文艺界骨干，战争年代在冀中大地上，生根，发芽，蓬勃生长。经统计，全区能独立演出的村剧团有1700多个。
——阿庚回忆录《梁斌的戏剧情缘》

链接注语二： 有1700个乡村剧团活跃在炮火中，这是一个奇迹，不仅是世界戏剧史上的奇迹，也是世界战争史上的奇迹。
——宋安娜《解读梁斌》

志，征求了他的意见。他沉思了一下，说："你们不只是唱唱歌，演演戏。你们要像一只老母鸡，孵出一窝小鸡。"他的话深入浅出，一句话点出重点，我一听就明白了。

一天的晚饭之后，我叫了刘纪和光人，走到村西，躺在沙滩上休息，互相交换着意见，你一言我一语地谈着：这像老母鸡一样的孵出一窝小鸡的工作方法，将要怎样实现？

从定县走到深泽，是一天的路程，招来的学员，在区党委驻地集中，约一百多人，男学员多，女学员少。编好了队：五人一个小组，派一个组长；二十五个人为一个小队，派一个队长。由我亲自领导。

● 1940年秋，选任"冀中文化界抗战建国联合会"文艺部长。

梁斌自述：

这年秋末，文建会开代表大会，我参加了，被选为文艺部长。

部下无人，我只好使用新世纪剧社这个"老母鸡"。我上任后的第一个指示是"停演封建旧戏"。话剧、歌咏、舞蹈一马当先：宣传抗日。

文建会决定出版《冀中文化》，这是个综合性的文学艺术刊物，发了我的一篇《论民族形式问题》，此外还转载了周扬同志的，茅盾同志的，都是同一性质。

梁斌经常在文学创作之余挥笔作画

为了辅导区村剧团，开展诗歌运动，新世纪剧社出版了《歌与剧》，还出版了《新世纪诗刊》。

链接注语：梁斌在冀中文建会，担任文艺部长期间，新世纪剧社以村剧团为对象，出版了《歌与剧》和《诗与画》，冀中文建会出版了《文艺学习》，在抗日战争年代的冀中，出现了文化战线上的一个从农村包围城市的壮观。
——刘光人回忆录《梁斌其人、其事、其文》

使我积累了大量的材料。那是青年时代，记录一遍，也就可以记在脑子里了。此外读了一些好的剧本，《大雷雨》油印本就是这时读的，当时书少，读起来也细心。

这年冬天写了一个短篇《烧桥》，刊在《冀中文化》上，写两个青年研究设法烧掉敌人的桥梁，是用群众语言写的，引起人们议论。当时写文章多是用"五四"以来的文学语言，或是书本语言，乍用群众语言，人们还不习惯。

链接注语一：这年春天梁斌完成了一个剧本——歌剧《抗日人家》，刊在《文艺学习》上，后来交音乐教员陈春耀谱曲，这是冀中抗战文化的第一部歌剧。
——阿庚回忆录《梁斌的戏剧情缘》

链接注语二：一天晚饭后（那时是冬天，一天吃两顿，晚饭后天还没黑），村边打谷场上，围着一大圈人，一个壮年，一个年轻，都穿着冀中土布缝制的黑色棉袄棉裤……二人搂腰使绊，转来转去，你推我搡，难解难分。周围新世纪的同志们喊着：梁斌，加油！傅铎，加油！原来那个壮年墩实的汉子，就是新世纪社长梁斌。
——张学新回忆录《永远不能忘记》

● 钟情于文学是骨子里的东西，不放弃任何一个读书、写作的机会。

梁斌自述：
自幼受了托尔斯泰和高尔基的影响，读了两本《给青年作家的信》，忘记是在哪一本上，教青年作家准备几个笔记本子，一个本子记录语言，群众语言，或是书上的好的语言；一个本子记录人物，部队上的战斗英雄，乡村里的抗日模范；一个本子记录民间故事、好的情节。

我在乡村的集上买了三个精致的小本子，开始了文学创作的准备。这个准备工作，

梁斌希望他创作出的《红旗谱》识字的人能看懂，不识字的人能听懂。他十分注意深入到群众之中，听取意见，完善创作

- 一次偶然的接触，触动神机，构思成小说《三个布尔什维克的爸爸》。

梁斌自述：

傅铎同志来了一个客人，是博野县人……一个老者，六十多岁年纪，劳动者，宽额，尖下颏，一缕稀疏的胡子，身体很是矫健。他是为儿子的事情来冀中打官司的。

我和他谈了几天，才知道他的二儿子宋鹤梅是我高小时代的同学，参加过"高蠡暴动"，打死本村一个地主，跑到深县去……正值县队剿匪，把他拿住了，当作土匪办，解到保定，后被判处死刑，立即执行。他立在汽车上，沿途走着，高呼："打倒国民党！""中国共产党万岁！"甚是英勇。

他的第三个儿子叫宋汝梅……在区里当自卫队大队长。有天晚上，他送几个干部过路，被路边小瓜铺里隐藏的人开枪打死。出事的第二天早晨，这位老人在死去的儿子身边找到一粒子弹，正好这粒子弹是大队副枪上所用的，他怀疑这个大队副是个内奸。

老人并没有谈到他的大儿子是怎么死的。我知道老人的处境艰难，儿子们牺牲了，留下几个守寡的媳妇和孩子们，将何以为生！虽然如此，老人精神矍铄，达观，毫无悲怆的情绪。

老人豪迈的性格感动了我。……我要以他为模特儿，于是，我构思了《三个布尔什维克的爸爸》这个短篇。在这个短篇里，朱老忠、大贵、二贵、三贵，这几个人物就形成了。

链接注语：那时，抗日的各级机关，包括剧社团体，都知道梁斌能编戏演戏，在冀中领导新世纪剧社创造了演农民戏的先例，人们看到《三个布尔什维克的爸爸》，才吃惊地发现，原来他还会写小说，是个作家！

——王洋、田英宣《梁斌传》

《太行秋色》

- 在最艰难的环境中，
  抗日文学、文化的坚持，
  且搞得这么红火，是国际战争的史无前例。

梁斌自述：

青纱帐期间，孙犁同志来了。区党委通知，敌人将有大规模的"扫荡"，叫我们跟着三十三团打游击。我们跟着三十三团从这块高粱地，串到那块高粱地。

夜间，跟老乡借来被子，铺在地上。睡到清晨，满身的露水。

第二天一早，听说敌人"扫荡"过来，我们慌忙吃完早饭，就扑往村南的青纱帐里。把我衣袋里最后的东西——一个小笔记本和一些什么东西，埋在一棵大树底下，就钻进那深深的高粱地里。

现在回忆起来，我才想到，由于敌人的"蚕食政策"……心腹地带已经很小了。冀中游击根据地处于敌人势力包围之中，只剩下定县东部，安国的滹沱河以南，蠡县、博野的潴泷河以南，肃南、深北、饶阳等地，各个县城还有敌人占领。

在日日夜夜的炮火声中，（为了让）村村都能看到戏，遍地有抗战的歌声，剧社在深陷敌后的游击根据地，每月一块钱津贴，一天二斤小米、三分钱菜金的情况下，依然是只要一住下音乐组立刻外出教歌，美术组去画墙画、写标语，小鬼队到小学校去教歌或跳舞。

- 有病也不知道是什么时候得的，
  革命英雄主义的白杨情怀。

梁斌自述：

骑上那匹小驴，刘纪同志在前面牵着，一直走到太阳平西，才到了彭家营。当时我也莫名其妙，为什么一下子就身上无力了？这是我自参加抗日工作以来没有遇到过的。

一直到我四十三岁，第一次住进医院的时候，检查身体，照大相片，才发现我的左肺上角有一块疤，这是肺病，已经钙化了，不知道是什么时候得的，也不知道是什么时候好的。

转移到滹沱河北岸献县的邱家庄，途径大尹村时周围有很多高大的白杨树……一看见这高大挺拔的白杨树，我的身上就有劲了，我喜欢这种能够代表我们祖国的高大的白杨，所以在我的文学作品中，无论是在《红旗谱》中或是《翻身记事》以及其它作品中，总是忘不了把这高大的白杨树写进去。

链接注语： 梁斌喜欢白杨树，那是他故乡的树，是他心乡的树。20世纪80年代，梁斌专为这种树写了一篇散文，题为《白杨之歌》，开头就说："白杨，乡人称为钻天杨，是形容它亭亭玉立，矗入云霄的意思。它的树干粗壮，叶片有手掌那么大，风一吹来，哗啦啦响着，似大河里流水。"

——滕云悼念文章《钻天杨》

55 · 画说梁斌

- 日寇大"扫荡"的第二天，穿过饶阳县境，越过滹沱河，去见吕正操。

梁斌自述：

晚上，敌人就封锁了滹沱河堤，在大堤上五步一个岗哨，并有灯笼火把。我们要是晚过一天，就过不来。

到了那个村庄，首先找到的是区党委宣传部长周小舟同志。我向他说了反"扫荡"的经过。他说，去跟吕司令员谈谈吧！他在头里走，我在后头跟着，到吕正操同志屋里，说："有客自深北来！"

吕司令员的两只大眼睛依然是那样神采炯炯，当我叙述从深北到岳家庄敌人如何封锁了滹沱河，如何反复梳篦"扫荡"，骑兵团如何被敌人击垮在石德路旁、杨经国同志如何牺牲的经过时，他的两只大眼睛眨巴眨巴，绷紧嘴巴。

不知道他们从哪里弄了一个罐头来，是一个水果罐头，各人分吃一点，我已经几年不吃糖了，在抗战中这真是一种难能可贵。

梁斌在书房写作

链接梁斌注语谈一：地道

地道，也有一段斗争的历史：这是1940年，地窨开始出现在蠡县三区，高蠡两县交界处。因为那几个村庄是十分区和九分区北部干部常来常往的交通要道，敌人来了，房东常把干部藏在菜窖里。后来就开始挖地窨藏干部，敌人来了，在窨口堆上一些柴草，把敌人瞒过去。后来又有人把这家地窨和那家地窨连在一起，就成了地道。这是平原上敌我斗争的一种自然发展。

链接梁斌注语谈二：冀中"五一"反"扫荡"

当时，蠡县共十八万人口，从1942年到1943年共牺牲区级以上干部八十余人。博野县共十五万人口，自1942年到1943年共牺牲区级以上干部一百二十余人。几年来坚持平原游击战争的经验是头颅和鲜血换来的，不容易！有参加过长征的老干部说：冀中"五一"反"扫荡"，比二万五千里长征还要残酷。

链接梁斌注语谈三：两部五幕话剧和革命根据地的巩固

这个时期写了五幕话剧《堤》。这个剧本的背景是1939年的大水。敌人决堤放水，淹了锁井四十八村，党组织根据两面政策的原则，派出地方士绅严知孝出面与敌人周旋，要求为了这一方人民的利益，修上堤，好叫农民种上小麦。在修堤的晚上，民工们正在休息的时候，一个朱老忠式的人物对民工们讲了"高蠡暴动"的经过。演完这个戏，我又写出五幕话剧《五谷丰登》。这个剧本的背景是根据区党委的指示精神写的。大概是1940年，反对封建婚姻，提倡男女平等、

梁斌在画室创作

婚姻自主。据当时调查，辛乐县一个村里有一百二十对。这也是从老苏区总结来的经验：一个政权问题，一个土地问题，一个自由恋爱，三个问题解决了，就保证了革命根据地的巩固。

梁斌与李建国、刘峰岩在"梁斌文学活动六十周年"上

● 新世纪剧社奉命与火线剧社合并，梁斌离开，创作第一个中篇。

梁斌自述：

火线剧社的人也回来了。冀中区已是岗楼林立，公路如网，剧社回不去了……于是两个剧社一同到"联大"去。一路走着，遍山枣树，枣儿红了，又酸又甜。我买了一些枣面，装在粮袋里，预备饿了的时候吃。

联大文学院，没有见到更多的人，除孙犁之外，还有田间。当时孙犁正在编一个什么刊物。我住在这里无事可做……过去写的短篇《三个布尔什维克的爸爸》不够丰满，还想再把它写一篇。我要了纸笔，开始写起来……过去都是写短篇和杂文，这是我的第一个中篇。

崔嵬同志来访……见我正在看《欧也妮·葛朗台》，他拿过去看。这么看，那么看，爱不释手。问："还有什么书？"我说："还有《贝姨》。"他又拿过去看，这么看看，那么看看。临走时夹在胳膊窝里带走了。……老朋友了，有什么说的？无疑，这两部书在边区是唯一的。

链接注语： 1942年反"扫荡"后的秋天，梁斌到了晋察冀边区文联，他用这个短暂的空隙，把短篇《三个布尔什维克的爸爸》发展成中篇，在《晋察冀文艺》发表时，编辑部定名为《父亲》。
——刘波、刘绳《作家梁斌在冀中》

● 回到阔别多日的家乡，在特务、伪军搜查"扫荡"中读《红楼梦》。

梁斌自述：

蠡县是老区，村子岗楼上伪军小队长姓蒋，不是铁杆汉奸，有时带着伪军到村里转转，也不问什么。我就在这个环境里工作着。

这年冬天，通过三哥向梁宝鉴借了那部梁家庄仅有的《红楼梦》，是梁宝鉴的爷爷梁友肃留下的，木版，小本，共八函。梁友肃是老梁家院里的家族长，我们叫他老爷爷。我上村学时，常到村学里来坐坐，当时他已经八旬有余，身体结实，白发红颜，谈起话来，嘻嘻哈哈，满乐观的……会念上九流、中九流和下九流，二十四属相等……但他不是读书人，不讲孔孟之道，全村人都尊重他。

我正在睡着，听得有脚步声、人声走进梢门。我探头一看，有伪军走进院子，这时就无处可走了。头伏棚外头，有个梯子，我就爬梯子上房……伪军站在北边屋顶上大喊："哪里跑！"他认出是我，把我弄到院子当中，坐在木头上。

我不知道张敬文和他们怎么说的，也不知道花了多少伪钞，敌人走时，就把我放下，伪军队长看了看我，点了点头，笑了说："你真能！"自此以后，我就不敢在家里睡了，有一次，伪军来了，把我五哥抓住，误认为是我。

在这个时期，我写了几个短篇：一个短篇是《抗日人家》，以张化鲁为模特儿写的；一个短篇是重现冯大狗的，这个短篇1936年在北平时曾经写过，是通过冯大狗这个人物写蒋、冯、阎中原大战，蹂躏乡民，强奸妇女，共写了一万多字，寄给《大公报·文学周刊》编辑沈从文先生。

链接注语：1943年，我们见过两次面，一次在他姐姐家，那年他才28岁，但已蓄了可掬的胡须，这是乔装打扮掩护自己的一种手段。他的家已经不能住了，县城的敌特分子一次来抓他，他从后墙跳越逃跑。

——刘光人回忆录《梁斌其人、其事、其文》

- 夜过封锁线，在牛栏村住下，为创作绸缪。

梁斌自述：

在一个漆黑的晚上过路了，到了护路沟旁……夜暗中，钻进柳树丛中，握紧一条大绳，出溜下大沟去，又拉紧大绳爬上沟去。这护路沟本来是没有的，即便有的地方有，也没有这么深，没有这么宽，这也是敌我斗争的新发展。

我忘记是因为什么原因，叫我搬到牛栏村去住。牛栏是个小村子，只几家人家。沙可夫同志住西屋，我住在一间小东屋里。我睡的这条小炕，面临着一条小山沟，石头缝里长着大柿子树，树上结实累累……我好像是在这个小屋里待了很长时间。

有一天上午，在沙可夫同志屋里聊天，周巍峙同志来了，谈了会子敌人进攻的问题，沙可夫同志说："你跟他们一块去罢！"吃过午饭，罗东同志给了我一个被子，田间同志给了我一个日本大衣，都是准备过冬用的。

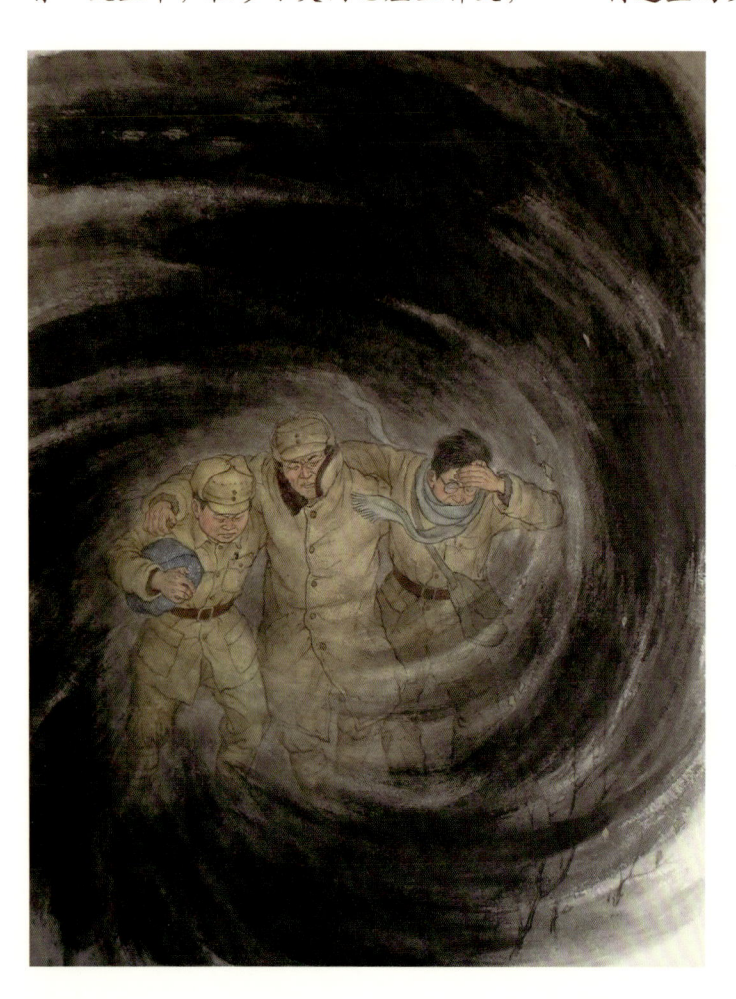

- 地道·飓风，
  三十岁前，遇所未遇的经历。

梁斌自述：

现在是我二十九周岁的冬季了，明年就三十周岁了。早饭过了，午饭还未到，忽然来了一个消息："敌人来了。"话声未了，老圈儿他娘立刻揭起炕席，打开洞口。尹哲同志手忙脚快收拾东西，陆续进入地道。

地道很长，爬了老半天也未爬到头，是通街道上的大地道，但并不宽绰，穿着棉衣裳，老是蹭着地道里的土墙。在地道里屏气凝神地蹲了好一会子，听得叫我们上去，才一个个从洞口里钻出来……这是一家老堡垒户，也是地委开会办公的地方。

平原上的夜晚，有风，没有月亮，也没有星星，这本是常事。尤其是游击区，干部们一般的是昼伏夜出，夜聚明散，只有夜间是属于我们的。

一边走着，风渐渐大起来，逐渐起了风声。空中似有呜呜作响，伸手不见五指。不用说用眼看，用脚摸也摸不着路了，只有在漫洼野地里走，我们究竟走到什么地方并不知道。飓风卷起飞尘，天黑得像黑锅底一样，四处无有人声，连犬吠之声也听不见。眼也睁不开了……我们这一辈子，还未经过这样的夜晚，这到底是怎么回事，谁也不知道。

只有一个问题需要注意,就是不要掉到井里去!于是,我们伸开胳膊,互相摽上膀子向前走。走着走着,尹哲的眼镜"啪"的一声碰在东西上,他伸手一摸,是一棵树。有树,有树就有林,有了希望了……

链接注语:
梁斌当时记录下的一段真实对话:
尹哲说:"怎么刮这么大的风?"
老房东说:"谁知道呢?真是百年不遇呀!天这么黑,风又是这么大,你们是怎么走来的?"尹哲说:"谁知道呢?我们糊里糊涂地走到这里。"
老房东哈哈大笑,说:"我说一句话,你们准不信,日本鬼子要完,你看他们一团漆黑!"
——梁斌《一个小说家的自述》

- 采访,
  为了日后《红旗谱》的创作做准备。

梁斌自述:

"高蠡暴动",地方起了一个红军大队,红军中只有一挺机关枪。背这挺机关枪的人叫杨万轮,他是玉田村人,此人尚在,我写了一封信,把他叫来。杨万轮是个农民,四十来岁年纪,被太阳晒得黝黑黝黑的,浑身粗壮……他从布袋里掏出小烟袋抽着烟,坐在小柜上。

杨万轮说完他在大暴动里的经历,不由得流下眼泪,大泪珠子一滴滴地滚在胸前。他说:"你到俺村里去住住,大暴动以后,你知道人们有多么想看到老同志们呀!"这时我才想到,为了要写这场"暴动",我应该到玉田村去走一遭。

我送他到大门以外,远远地看着他的背影消逝在阳光下的尘埃中……我异常高兴,一来得到"高蠡暴动"的大致梗概,一来我看到了大暴动中一个农民英雄的形象,以他为模特儿,我塑造了《播火记》中朱大贵这个青年农民的典型。

梁斌忙于创作和体验生活,平日疏于和子女同乐,每逢星期日总是把孩子集中小坐,或谈些读书随感,或教一会儿书法和绘画。1960年的一个星期日,在家中教9岁的女儿散裹霞学习书法

"高蠡暴动"的采访,这算是一个开始。过去只听说了一个轮廓,今天谈的,使我得到一些细节。在文学创作中,没有生活细节是不行的。

链接注语: 1944年,梁斌被派往蠡县,以帮助工作的名义深入生活,在此期间,他专门来到"高蠡暴动"的发生地——玉田村进行实地考察和采访,走访了所有知情人。
——王洋、田英宣《梁斌传》

- 在民众的保护中,
  大地情怀,
  白洋淀的知遇。

梁斌自述:

春天来临,万物复苏,地委要转移到白洋淀去。白洋淀这个名字,我早就听说过,我们老家一带吃的鱼虾,都是从白洋淀贩去的。

沿着那条小道，走过老乃叔的黄土小屋时，我又想去看看老人家。我走进柴门时，柴门开着，我轻轻地推开，小窗上半明不暗，小门却紧紧地关着。我轻轻地敲了三下，从里屋慢慢走出人来，说："谁呀？"我说："是我呀！叔，我来看看你！"说着，小门哗啦地开了。在黑暗中，我看见老人笑容满面，说："你想看看我，我也想看看你呀！"

小屋，小油灯被风吹得鬼鬼地摇晃。我坐在炕沿上，说："你知道在这个年月，见个面多么不容易呀！"他说："孩子！我看今天你哪里也不用去了，就在我这小屋里睡吧！一旦特务们来了，我这切纸长刀就是他们的对头……"说着，他从门口拿出那把切纸刀，在磨刀石上磨着。

链接注语：梁斌始终是群众中的一员，他当过这样那样的领导，而且1930年在北平加入左联，卖文为生，应该是典型的知识分子，但他竟然保持着许多农民的习惯、农民的性格、农民的知识，他说话也常常用农民的口头语言，几十年了，我总想这个问题：他的灵魂深处装着的是什么？
——刘光人回忆录《梁斌其人、其事、其文》

● 和邓拓际会，
参加《甲申三百年祭》剧本的创作，
饰演牛金星。

梁斌自述：

整风文件中有一份郭沫若的《甲申三百年祭》，当作文件发下来，防止革命胜利后干部们脑子不清醒，像李自成大顺朝一样，昏昏然纷纷然。这时来了《晋察冀日报》社社长邓拓……他是大干部，虽然没有架子，却是有气魄。他从机关上拿了一本昆曲曲谱来，叫我唱昆曲给他听。

分局给了我们任务，叫我们把郭老的《甲申三百年祭》编成剧本演出。邓拓同志是我们的历史学家。王琢、王焕如、韩庄，我们每人写一段。写成以后，由邓拓总合编辑……剧名《李自成》，在《甲申三百年祭》之外，添了顾君恩一个人物。

角色分配：抗敌剧社刘流演李自成，王焕如演李岩，我演牛金星。抗敌剧社社长丁里导演……排出来居然不错……在抗敌剧社的帐篷里演出，蔚然可观。

分局要开干部大会，叫我们再演一次《李自成》。……除了干部们看，还有美国的视察组，是耿飚同志从延安带来的。……我这一次演牛金星，比历次演得都好……这是我在舞台上最后一次露面，此后就没有机会了。

链接注语：《李自成》的演出虽是后话，但证明梁斌在山东剧院的学习成效，以至后来每当谈起当年的牛金星，梁斌的脸上总会流露出几分得意之色。
　　——阿庚回忆录《梁斌的戏剧情缘》

梁斌在画室作画

梁斌和老战友方纪翻阅书稿

● 在深北坚壁的，
　二十多万字的手稿复还，
　梁斌紧抱怀里，泪流满面。

梁斌自述：

抗敌剧社转来一个邮包，是用粗布缝成的一个小口袋，里面盛着我在深北坚壁的那一批稿子：《爸爸做错了》《血洒卢沟桥》《堤》《抗日人家》《五谷丰登》几个剧本，还有小说《烧桥》《三个布尔什维克的爸爸》等二十五六万字。

我把它紧紧抱在怀里，眼泪一滴滴落在白布包上。

为我坚壁这批稿子的姓朱，经过"五一"大"扫荡"，他为我保存了下来，他明白原稿就是作家的生命，而且这批原稿产生在战争之中，产生在炮火硝烟之中，而今天又回到我的怀抱，怎么不叫我流泪呢？

当时没有邮局，是由秘密交通站传递信件。没有交通工具，一切都凭身背肩扛，经过多少交通员、交通站的传递，才到了我的手里，它是怎样过的封锁线呀！

链接注语：梁斌一生有两次与他的手稿分离，一次在抗战期间，一次在"文革"期间。遗憾的是，抗战中多少人用生命保护下来的这批手稿，最终还是在战争中遗失了，而"文革"查抄中，被夫人散榀英"坚壁"在楼梯夹缝中的手稿，"文革"后却得到无损的复还。
——宋安娜《解读梁斌》

- 迎接胜利，回奔家乡，
  最后一次过封锁线，
  大沟很浅，一跑就过去了。

梁斌自述：

西方一个圆大的夕阳压在梁庄的村落上，这是我的家乡。黄昏时分了，牵着牛的，背着锄的人们，沿着村道走回来，进了东街口，已是炊烟弥漫。沿街的叔叔大爷们，和我打着招呼，兰芳爷说："前些日子有人说，深更半夜里，维周从大街上带着队伍过去了，你也没回家看看！应该回来看看呀！没了你爹了，还有孩子们呢！"我止住眼泪说："是呀！我这不是回来了吗！"

蠡县城里的敌人撤到高阳去了⋯⋯抗战几年中，人们受日本鬼子的压迫，如今撤走了，人心大快，都跑到城里去看⋯⋯大街上贴着红绿标语："欢迎八路军！""欢迎共产党！"

我曾在蠡县城里上了三年高小，每过礼拜常到古老的城墙上散步，1938年发动民工拆了城墙，只剩下南北两个城楼，这两座古老的建筑、碑石，是我的留恋不舍。一生革命⋯⋯起步的地方，怎么能不使我留恋呢？

那天下午时分，我走在路上，迎面遇上王冀农，他正从山里出来，大声呼唤："梁斌！我们在分局要了你了，你不用回去了！"他掏出日记本来说："你看！你看！这不是你的名字！"他用指头指着⋯⋯又说："咱们在胜芳筹备公安局，准备进天津。"

- 胜利后到胜芳，
  梁斌想的不是赴任什么职，
  是怎么写书写文章。

梁斌自述：

冀中区党委、公安局都在胜芳。我到公安局报到，人很少，只看见张国坚同志，原来他的夫人是宋渭，她是个细高个儿，粉白面皮儿，戴着眼镜，见了人很腼腆。国坚见了我就说："⋯⋯我把你要来当秘书长！"

他以为这么一说，我会表示高兴。其实，我早就想过了：当了秘书长，也算是个官了，但是管家务，还得学习一些经济之学，那样我还怎么写文章写书？

胜芳是津南重镇，有一千多户人家，距天津八十里，有"小天津"之称，商业繁荣，农作兴旺，是鱼米之乡。⋯⋯胜芳螃蟹，名不虚传，又大又肥。我这是第一次吃螃蟹，还不知怎样吃法。

天气渐渐凉下来，科长林丛给我做了里表三新的被子，蓝色真贡呢面⋯⋯但是我心里还是不高兴，面无喜色。国坚同志看出来了，吃饭时，他当着夫人的面谈："你不爱这一行，你干别的，心里别闷着。"

他这么一说，我的脸上豁然开朗。

国坚同志哈哈大笑，说："弄不了你这小子！"

梁斌与业余作者谈文学创作

- 回到蠡县，任县委宣传部长、县委副书记，参加了博野的土改。

梁斌自述：

日本鬼子投降……国民党军又占了平津，十分区还是三角地带，平、津、保的敌人，不断地向心腹地带出去。战地生活，我已经熟悉了，我想在县里工作几年，人熟地熟，深入生活方便。

……干部们反映我讲话有文艺味儿，因此除了搞运动以外，着重学习群众语言，克服文艺味的缺点。这与以后的文学语言有关，我把群众语言提炼成为文学语言，就是在实际工作中解决了这个问题。

我到了县委机关，见了王夫同志……王夫同志则天天给我讲《古城会》：关羽在曹营待了十二年，三天一小筵，五天一大筵，所以到了古城，张飞不给他开城门，直到关羽斩了蔡阳才给他开城门。

无论怎么说，我又没到过曹营，我一直在共产党的领导下进行工作。我说："你是正书记，我是副书记，咱们遇事协商！"

县委班子不合，使我不愉快……我也不想争权势，我不过是来下乡、深入生活的。孙犁来了，他也是来深入生活的。我给组织干事朱朴华的妹妹惜华写了一封信……她把孙犁安排在郑锡三家，郑锡三在外面工作，他的老伴给孙犁做饭吃，生活很如意，我也很放心。

链接注语： 三年解放战争期间，梁斌离开了文化战线，下到一线参加实际工作，他先任蠡县县委宣传部长，后任县委副书记，并以土改试点队长身份，参加了博野十二村的土改试点工作。
——刘波、刘绳《作家梁斌在冀中》

1952年调离襄阳时与地委同志们合影

梁斌从1949年南下到湖北襄阳，担任了襄阳地委第一任宣传部长、第一任党校校长、第一任共青团地委书记

- 毅然决定南下，补充生活。

梁斌自述：

华北土改基本完成，我想开始写《红旗谱》这部书。清理了一下仓库，想了想人物、故事、语言等，想来想去，生活上好像缺了一点什么东西……于是我又想南下新区工作。

我给区党委书记林铁同志写了一封信，过了一些日子，刘健来找我说："行了，你的信批准了，你顶着一个县委书记去！"我听了这句话，眉开眼笑。

吃过早饭，阎子元同志叫人们站上队，共是一百多人，宣布赵毅民同志为大队长，我为参谋长。第二天，站好队伍，向华北局走去。当时华北局书记是薄一波，组织部长刘澜涛，宣传部长是周扬，陈鹏同志在组织部做秘书长的工作。

在华北局学习了三个月，冬天也就来了。这时邓拓调中央工作，任政策研究室主任，我给他写了一封信，表示握别。想不到他派人来要我。陈鹏同志叫我谈话："中央要人，你去吧！"我笑了说："我满心地愿意南下，做做新开辟区的工作！"他没有勉强我。

链接注语：1948年，梁斌告别了故乡，随军南下，开始在华中地区参加了六个年头的土改工作，及剿匪反霸、减租减息的斗争。
——刘波、刘绳《作家梁斌在冀中》

1950年在襄樊与散帼英结为伉俪

● 胜利后，一同参加抗日的人，大都有了归处，
唯梁斌又开始了新的跋涉。

梁斌自述：

已届隆冬，一路长途行军，都是步行，晓行夜住，到了邯郸，远远看到崔嵬同志带着一行人，他也南下了。

黄河孟津渡，有一个很大的木船，在河边停着。据说这是大军南下时坐的木船。这个木船，造得非常壮观，据说可以盛一营人。我们的干部队伍，都上了还未坐满：船里可以坐人，船上头也可以坐人，我们就是坐这个大木船过了黄河。

到华中局所在地河南禹县的行军，是我一生中路途最长的一次行军。

江汉区党委副书记刘建勋同志……河北献县人，原在晋察冀鲁豫中央局任组织部副部长，听说我是冀中来的，分外热情。夫人说："听你说话，你是蠡县人？"我说："我是蠡县人。"

刘建勋同志问我："你还带一包书？看来你是一个知识分子，你到襄阳地委去吧！当宣传部长，张廷发在那里当分区司令员。"我点头称是，也没有多说，就走出来了。

链接注语一：梁斌被批准南下新区，徒步走过束鹿、衡水、石家庄、邯郸、孟津，过黄河，临长江，到湖北。
——阿庚回忆录《梁斌的戏剧情缘》

链接注语二：华中局原打算安排梁斌到中原大学去做领导工作，但是由于梁斌南下还有下基层体验生活的打算，于是，经中共江汉区党委副书记刘建勋的建议，将梁斌安排到湖北襄阳地委任宣传部长。
——王洋、田英宣《梁斌传》

- 地处襄水之阳的古城襄阳，
  梁斌的第二故乡，
  他在这里
  找到终生伴侣。

梁斌自述：

行程七百余里，到了襄阳城里，在南大街教堂的门口下车，走进教堂，是襄阳分部驻地。一个年轻漂亮的军人走出来迎接，他就是襄阳分区的司令员张廷发。

此处风俗人情已与北方不同，堂屋里都是矮屋矮凳。杜政委领我到地委机关去。踏着石板马路，街旁尽是一些破旧的瓦房。大街上人并不多，也没有什么大买卖……还在战争状态，机关门口不挂牌子。

程子华（司令员）带四野十三兵团路过此地，地委在大华饭店摆席请客，子华同志见了我，离很远就打招呼，说："工作怎么样？还可以吧！"我高兴地说："可以，比北方好多了！"我们一边吃，一边谈……这是我第一次吃到南味食品，和北方的食品相比味道另有不同。

湖北省委召开第一届团代会，地委叫我带队前往……散帼英是代表襄阳城关区汇报工作，登台演讲……说得有条有理。自此，我爱上了她。

链接注语：1932年出生于襄阳的散帼英，当年是一位充满激情、英姿飒爽的热血青年，共同的工作与火热的生活，使两颗彼此倾慕的心合在一起，他们于1950年结为伉俪。梁斌为表达对第二故乡和爱妻的深厚感情，让他们的长子长女姓散，名字中都有一个襄字。
——余杰《豪气文章红旗谱，乡情书画汉江风》

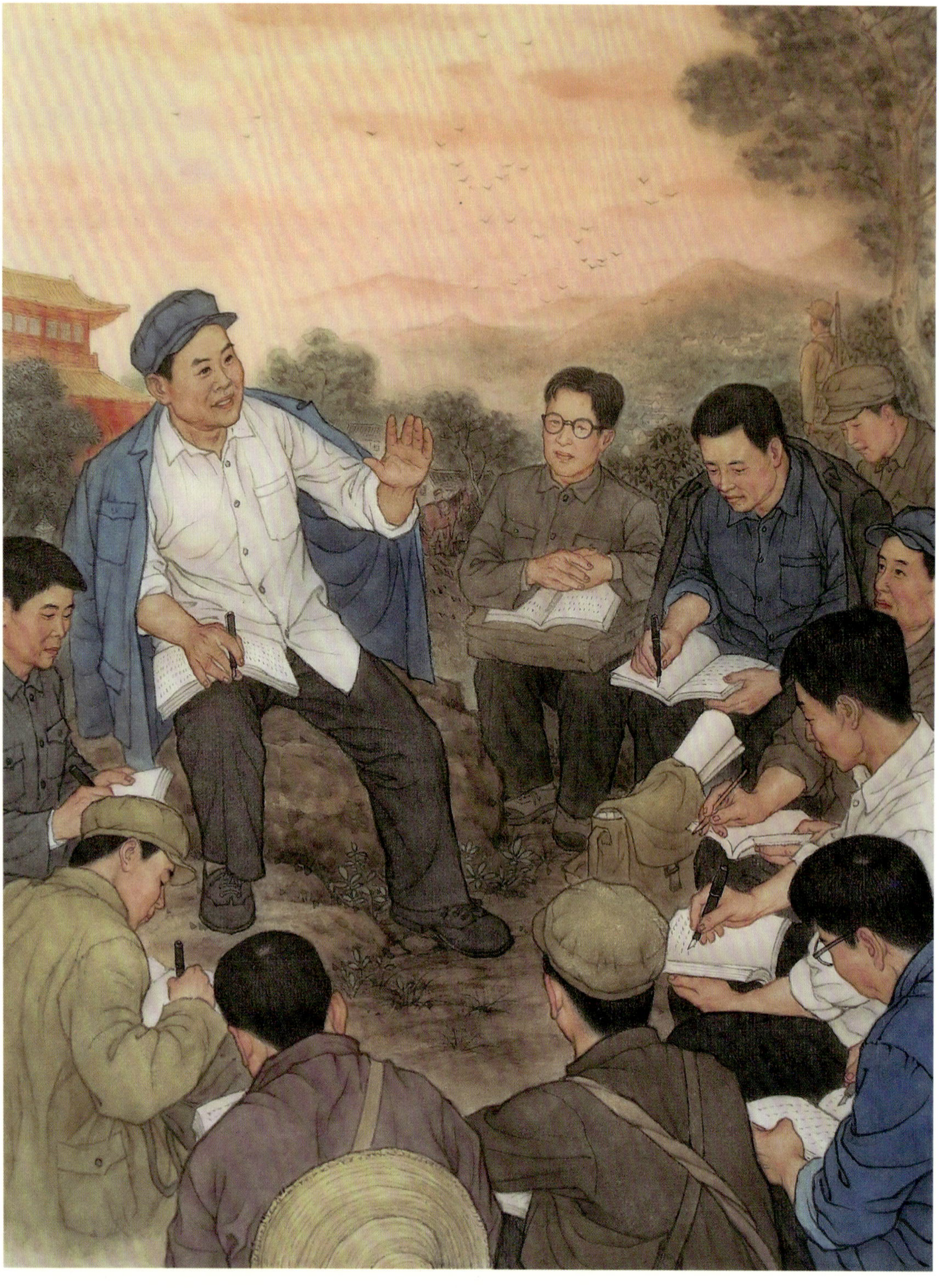

- 在襄阳刘家庙村，
  参加土改，
  就住在大破庙里。
  襄阳情怀一

梁斌自述：

在华北我曾搞了两年的土改运动，对于农民运动我是熟悉的。几天的时间里，我在做着准备：总结华北土改的经验和教训，整顿行装。

我牵着一匹马，边走边想，不知不觉也就到了刘爷庙村。村北有一座土山，朝阳处有个大庙，我站在山下停了一刻，跑了几步，又一气跑上山去。庙前有一块大石头，石头上有个很深的凹，我想那是立旗杆的……我站在大石头上，向南俯瞰刘爷庙全境。

村子不小，瓦屋也不少。我坐在大石头上，伸出手指，指了指脚下，说："我就在这里住！"

这是一座古老的庙宇，厦前有两块石碑，年号是"大周"，碑上的文字，有认得，有的认不得。在师范读书时，曾听老师讲过，"大周"是武则天的年号，她夺位时曾经搞过文字改革。碑上文字经过上千年的风雨剥蚀，已经模糊不清了。

警卫班还站在一旁等着，我说："就给我在这抱厦下墩铺吧！"

不一会儿工夫，抬了一块门板和两条凳子。老韩也回来了，在厦子里墩上铺，把我的马褡子拿下来，铺在门板上。他又问："那马呢？"我说："你把它送回机关去！"

我指挥警卫班，在大椿树底下挖了个土灶，又到村里借来锅、碗、盆、瓢、水桶、油醋瓶什么的。天将晚了，通红的夕阳落在西山上。农民们，牵牛的、扛锄的，顺着庙前的大道走回来，一边走，一边说，土改队来到刘爷庙村，好像投下一块石头，落在古潭里溅起满下子波花。他们说：领导土改队的官儿，就住在这个大破庙里。

从居处刘爷庙，远望西方鹿门山的山峦，赭石突兀，云烟浮动，圆大的夕阳落在鹿门山的顶峰，另是一番景象。

唐代大诗人孟浩然曾隐居于此，写了很多很好的诗句：夕阳度西岭，群壑倏已暝。松月生夜凉，风泉满清听。……唐诗，尤其孟浩然的诗，我是喜欢的。

可惜多少年来戎马倥偬，读书很少。尤其古书，几乎没有时间一读，到了襄阳，就离不开这卷唐诗了。

- 刘家庙搞土改试点的事，不胫而走，成为襄阳乃至整个地区的头等大事。
  襄阳情怀二

梁斌自述：

……在刘爷庙工作了一个多月。叫我回机关去。我只好召开了土改队的会议，说明了原由，又把土改运动的每一段过程怎么掌握，会出现什么问题，说了一遍。我拿出在石家庄换的一块白洋，叫洪发买了几只鸡来，大家在一块吃了一顿午饭。

梁斌为宋乃谦同志题"风华正茂"

下得山来，我翻身上马，回身拱了一下手说："再见了！同志们！"说句实话，此时此刻，我的心情，就好像我在舞台上演姚期离开草桥关一样。有些人物是我日后书中用得着的，我还没有看个始终，就要离开了。

我的马跑在襄阳城里的石板路上，有一个贫民老大爷迎头走来，张开没了牙的大嘴，哈哈笑着说："梁部长！你到刘爷庙去搞土改啦！天兵天将呵！打下无产阶级江山呀！"

回到地委大院，张司令员凭着楼栏说："老梁！你回来了！帼英正在屋里等你！"

链接注语：刘家庙村的土改工作经验在全区推广，梁斌在樊城河滩做一个土改工作成果的实事报告。地委直属机关、襄阳和樊城的干部都来听讲。梁斌痛快淋漓地一口气讲了两个小时，整个襄阳掀起土改运动的高潮。
——王洋、田英宣《梁斌传》

梁斌性格豪爽，也笑口常开

- 省委下通知，
到《武汉日报》去当社长，
离开工作了三年的襄阳。

梁斌自述：

在一个早晨，天刚破晓，满天的云霞罩着，吃了送行的早餐。

全机关的人，搬箱子的搬箱子，搬行李的搬行李，一直到西门外汉江码头。帼英和岳母，一边走着，流下了眼泪，说不尽的离别故乡之情。

组织部副部长乔明甫同志来访，寒暄了几句。他说："你到先念同志那里去谈谈，是他点名调你的！"说完就走出去了。我是作家，至今还带着作家的脾气，我不愿见领导，先去转关系，了解一下情况。

武汉没有电车，三轮车也很少……慢步当车，走到长江码头。下了渡轮，我又徒步走到省委，找到组织部，交了介绍信，我又到宣传部，副部长郑道奇握着我的手，哈哈笑着，好像老朋友一样，他说："你来了，事情就好办了，本来叫我做这个工作，我嫌造孽……"

谈到此处，一切也就明白了。《武汉日报》社社长，还是他推荐的。

梁斌在家中读书

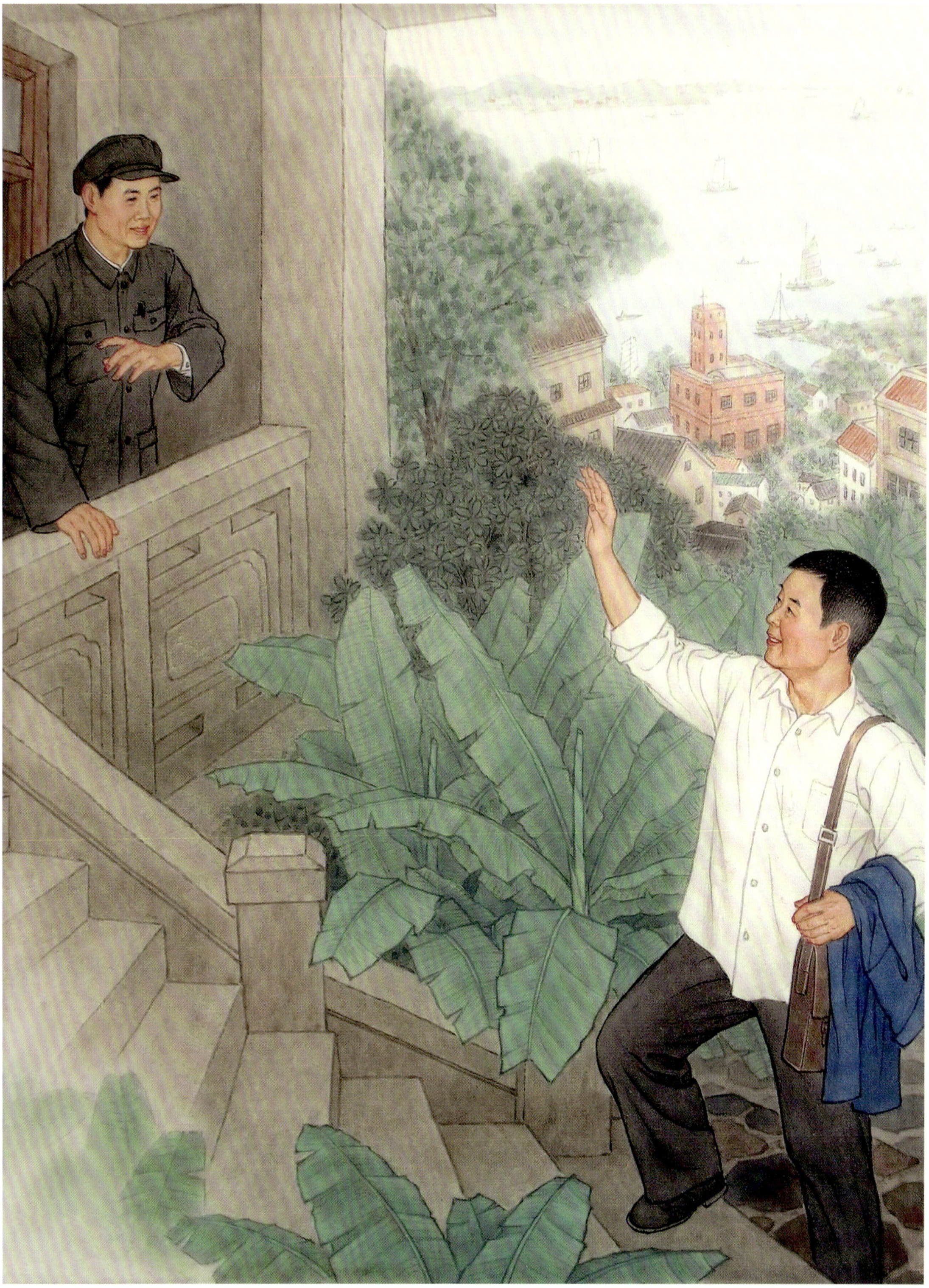

● 在武汉和李先念同志一起吃饭。

梁斌自述：

武汉市委……公馆门口，走到传达室，说明来意："我叫梁斌，来见先念同志！"传达员把我领到会客室。不一会儿工夫，先念同志慢慢走出来，我站起身来，笑脸相迎，他握着我的手，问："什么时候到的？"他问我襄阳专区的土改情况，我按实向他汇报……谈到土改的情况，他频频点头，表示满意。

停了一刻，他谈了一下《新武汉日报》的情况："这个报社在新中国成立以前是《大刚报》，是个进步的报纸，陆天虹原是上海的地下工作人员，因为暴露了，调出来在江汉军区当县长，武汉解放以后，进城到《新武汉日报》，你去了要提高他们……"谈到这里，他看了看表，说："该吃饭了，你在这儿吃饭吧！"

先念同志生活很朴素，几个菜，一碗煮鸡蛋，他拿了一个鸡蛋，放在我的面前，说："吃吧！"勤务员又端上两小碗饭，一大碗汤，心情舒畅，吃得也很饱。

● 在武汉，晚上看四版大样，
　白天，构思长篇。

梁斌自述：

到了《武汉日报》，是我们的国家第一次定级，我被定位十一级，开始有工资了，生活有显著的改善。天热，我扇着蒲扇，走下楼梯，大街上有好多卖小吃的，有米酒汤圆、窝子面、糖炖莲子、馄饨，想吃什么就吃点什么。

老报人们，是晚间上班，白天睡觉。晚班，我看四版大样，才回家睡觉，睡不一会儿，窗外卖菜的，开始吆喝了，使我难以入睡。我放马下来，开始构思我的长篇。

首先考虑到人物。以过去写过的剧本、短篇、中篇的人物为基础，进一步典型化；只要在书里露一下面，就要给人以不可磨灭的印象，这就需要众多精悍的细节，于是我的思考又沉入众乱纷纭的细节之中。

语言，也是我不能不想到的……我下决心不用翻译语言、新闻语言，而以群众语言为主，书本上的典型性的语言为辅，尽可能地用群众语言，而加以提炼加工。要写得通俗化，不识字的人，听得懂，识字的人看得懂。我借鉴《水浒传》以山东的群众语言写成，《红楼梦》用北京官话写了北京的贵族生活，《西厢记》用群众语言填曲，并用了俚语及地方语言。

文章风格，不拘泥于外国文学，《夜之交流》的洋味、翻译风格是不足取的。烦琐的心理描写、风景刻画，中国读者是不习惯的。也不拘泥于中国古典小说的一些多余的东西，要有中国气派，民族化风格……

托尔斯泰写了很多好书，但是《战争与和平》中的打猎，写得太长，使人看得不耐烦。……法捷耶夫的《毁灭》写得紧凑、精悍。我下决心一部书不能超过三十万字，读者有兴趣的看完三十万字，也就可以了，章节要短小、精悍，要写得比外国文学粗一点，比中国古典小说细一点。我在考虑中国评书的说法及"三言二拍"。

链接注语： 据释贵明先生介绍，由于梁斌的创作渐入佳境，自己控制不住，即使在李先念身边工作时，一时兴起，也动笔写作，一写作就忘了自己本职工作，有关领导也拿他没法。后期为给他创作创造条件，把他从《新武汉日报》调到市扫盲委员会当主任。

——王洋、田英宣《梁斌传》

1978年梁斌与作家们在电视台接受采访

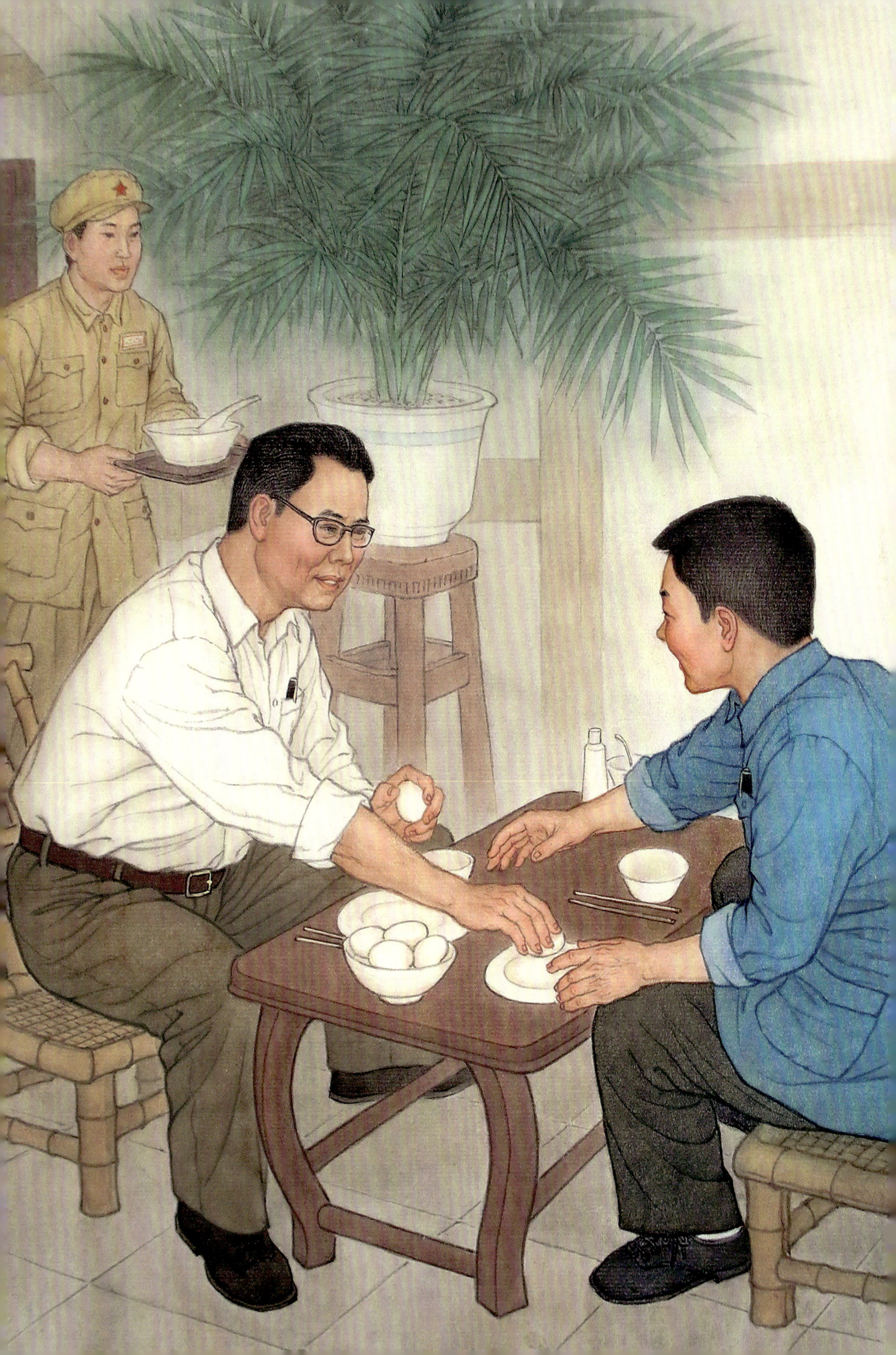

《红旗谱》主人公：
朱老忠与严志和

《红旗谱》主人公之一：
春兰

《红旗谱》主人公之一：
江涛

几间北屋，他开了门，我走进一间小房。前后有窗户，一张小床，一张小桌，一把椅子。我把行李箱子搬进去，稍做安排，站在石阶上一看，满院古老的松林，松风贯耳。

- 1953年北京，
西山八大处一间小房里，
面对铺开的稿纸，
《红旗谱》人物一个个浮出脑际。

梁斌自述

中央下达干部休养条令。这年六月，到北京休假。

西山我是去过的，雇一匹小驴子骑着，去看红叶。到了碧云寺，进了山门，有一条古老的石子甬路通到北院。

西山八大处管理处，一个中年人出面接待，我把短笺交给他。

我第一夜睡在这间房子里，一觉醒来，已是晨光满天，从窗玻璃上映出鱼肚白色的光亮，我打了一个舒展，伸直两手，长啸一声，我的第一部里的人物朱老忠、严志和、朱老星、伍老拔……就这样逐渐浮在我的脑际。

吃过早饭，我把箱子打开，把稿纸、墨水、钢笔摆在桌子上。自从二十年前，我想写这部长篇，直到如今，才算真正开始写她了。

我一生来第一次得到这么好的创作环境，绘下了锁井村的地图，列下了人物表，甚至每个人物的思想、性格、爱好。写下了一个简单的提纲。

1962年8月，郭沫若为《红旗谱》题写书名，黄胄为《红旗谱》画封面和插图

- 回到武汉，
  创作激情正浓，
  官不做了，
  我要回到北方去。

梁斌自述：
没有想到，第一次写长篇，写得这么顺利，激情之下，笔走如龙……主要原因，这些人物性格，在我的短篇、剧本里出现过，语言做了长期准备。我一章一章地写下去，没想到已是一两个月。

一两个月不上班，不是一件普通的事情。老朋友宋应时，现在是人事局长，他以人事局长的身份来找我，首先是喝茶谈天，再就问道："你这一两个月不上班，打算怎么办？"我说："我要回到北方去，写我的小说。"

链接注语：武汉黏湿的空气令人烦躁，再加上不断涌动的创作激情，梁斌觉得实在热得受不了，有时索性泡在澡盆里，蜷缩双腿，把稿纸放在膝盖上写。那段时间，最让他疲惫不堪的是创作与工作的矛盾，他不愿工作受损，却又不能停止创作，为了写好《红旗谱》，最后决定辞掉官职。
——王洋、田英宣《梁斌传》

2014年3月，天津人民艺术剧院演出大型话剧《红旗谱》

梁斌回襄樊到土改时战斗过的地方看望乡亲

述不尽的乡亲情

梁斌对孩子们的文学热情很珍视，每次总是郑重其事地为小读者签名留念

1948年，梁斌随军南下开辟新区，他参加和领导了新区的剿匪反霸、减租减息和土地改革，为人民群众的翻身解放，建立和巩固新政权做出了贡献。同时，也为日后的文学创作积累了丰富的素材

● 1954年，
在北京文学研究所

梁斌 自述：

老朋友田间……听说我要回北京，他希望我到文学研究所去，我立刻写了一封信：我同意。发了这封信，我的心安下来。激情在怀，我还是继续写我的小说。人物和故事堆在脑子里，灵感冲动，只有写出来才痛快。

直到1954年冬天，调令才到中南局。当时的文学研究所，坐落在后门外，鼓楼东边，路北一个红油大门里，四层大院。

当时的文学研究所，丁玲同志已经不在了，田间的所长，康濯的副所长，后来萧殷当副所长，邢野的支部书记。我来了，他们打算叫我当支部书记。

北京的平房大院，住着真舒服。我的住房在西院讲室的楼上，不管什么，我先写我的小说。改一遍抄一遍，很费时间……我的工作时间，每天在十小时以上。

帼英来信，她要携家北上。在一天晚上，我坐了车去接她们。……公共汽车上，帼英述说离开武汉的经过，说："你写你的文章，我一切会安排好的！"

有了帼英，我可以成天坐在椅子上写文章，我不怕累！帼英看了看我的书房，我的居室，说："好！我们这算回到北京了。"她很高兴，拿出我的原稿掂了掂说："不容易呀！写了这么一大本子，有好几斤重。"

1951年在襄樊保康山区剿匪时,从大山中搜获一虎子,一直从襄樊、武汉带到北京,而后送给了动物园

1952年初,经李先念同志提名,湖北省委调梁斌任《新武汉日报》社长

1990年10月,梁斌夫妇在襄樊"梁斌书画展"开幕式上

1990年10月梁斌在湖北省襄樊市举办的"梁斌书画展"开幕式上

1990年10月梁斌回到襄樊,走遍了每一处他曾经工作过的地方,为青年学生做了多场专题讲座。激动和劳累使他心脏病发作,他依然拄着拐杖为上千名青年学生做完报告

- 只有在文研所才能读到的《金瓶梅》，拓宽眼界，受益不浅。

梁斌自述：

我的创作生活，已经到了火热而紧张的状态，有时头晕，心跳，肚子打颤，激情到了不可遏止的状况。

下午，到图书馆借出那部《金瓶梅》。这部书，我曾浏览过，我要把她研究一下。不看则已，一看就把我吸引住了。历来都说《金瓶梅》是一部淫书，束之高阁，不叫人们看。到目前为止，只有在文学研究所才能看到此书。一读起《金瓶梅》，四壁皆空，就什么也不想了。

此书人物刻画得栩栩如生，社会面概括得很宽阔，把明朝的商业资本社会概括得很详细，西门庆开绒线店、生药铺，都能做到很大的官。语言是用的当时山东的市井语言，潘金莲的一段话，语言成串，字字珠玑……一面看着《金瓶梅》，一面想着《红旗谱》，受益不浅。

《红旗谱》一书，在写作过程中，确实在语言方面，在概括社会生活方面，在人物典型方面，受了《金瓶梅》的影响。

孙犁把我安排到《天津日报》招待所，看完稿后，他说："为了看你这三十多万字的原稿，一夜未睡！"

我说："你慢慢看哪，着什么急？"他说："我放不下呀……人物有了，语言不一般，就是有一样，大窝脖，倒卷帘太长了，不合乎中国的民族风格，不合乎读者的习惯……"

我说："那可怎么办？我为了写成朱老忠这个典型人物，才回叙到'高蠡暴动'、二师学潮……"

他说："你看《水浒传》《三国演义》《红楼梦》都是从头说起……"我有点着急，说："说吧，那可怎么办？"老孙说："你铺直了写，写一部《水浒传》！"

回到北京，我也不想按原样写这部稿子了，下了决心，铺平了写，从头说起。童年生活，少年时代的生活在吸引着我：十三岁入团、北伐战争、"四·一二"反革命政变、反"割头税"运动、二师学潮、"高蠡暴动"……一个事件，又一个事件，历历如画，如在目前。我反复咀嚼着，回忆着。

● 到天津，
　见孙犁，
　下决心写一部现代的《水浒传》。

梁斌自述：
想起了老朋友孙犁……我把原稿包在包袱里，跟公木说了一声："我要到天津去看看孙犁……"

● 为了从头写起，
需要几年时间，
不能在文学研究所工作了。

梁斌自述：

我去找陈鹏，要求到天津去，可是没有说清干什么。

陈鹏说："去天津，当副市长？"我一听，也就不愿往下谈了，我不想做官，也没有意思当副市长。我只好去找范瑾（注：黄敬夫人），我提出要离开文研所，到河北省去写这部书。

她说："回河北省去？哪儿有哪儿的方便。"看样子她想把我留在北京，或者留在《北京日报》。

经过几番周折，我又去找陈鹏，他笑了说："不当总编辑，不当副市长，还是要当作家，作家钱多！"陈鹏是我二师的同学，安新同口人，党开发白洋淀的领导人之一，尤其对老同志们好，和蔼可亲。他说："去吧！要把'四·一二'反革命政变写好，国民党杀了我们很多同志呀！要写上！'高蠡暴动'，二师"七·六"惨案，血债累累呀！写上，写上，都写上！"

我说："好！我一定把她写好，我如果写不好这部书，无面见家乡父老……"

链接注语： 20世纪50年代，梁斌三次辞官，第一次坚辞，辞掉了《新武汉日报》社长一职；第二次婉辞，辞掉了中央文学研究所机关支部书记一职；第三次谢辞，不当总编辑，不当副市长，回到河北出生地，写好《红旗谱》。

——宋安娜《解读梁斌》

- 夏季,
  保定古莲池畔一间斗室里;
  冬天,
  几乎看不见人的北戴河海边。

梁斌自述:

这个时期,我已经完全进入创作生活,黎明即起,洗漱毕,即坐在椅子上,开始写作,太阳出来,即去用早餐,回来后,继续写作。

我一坐在椅子上,即两耳无声,万籁俱寂。我的大脑,疾速地活动,直到中午。平均每日写四千到五千字。

时当夏日,保定的温度极高。低头写作,汗粒滴满稿纸。我不得不设法降温,把被单蘸上凉水,挂在屋中。

打一盆冷水来,泡上一块毛巾,实在热了,即用冷毛巾擦头、擦洗身上。还是不能解决问题,即把冷水盆置于桌下,把两脚蹬在冷水盆里。

吃饭很浪费时间,我不得另作打算,买个大西瓜,一张大饼,两瓶汽水。渴了,喝瓶汽水,饿了,吃几口西瓜,把大饼泡在西瓜里,搁上一点白糖,吃起来既解暑又解渴、解饿。

在这个时间里,我的创作速度,每日达到七千字,有时达到九千字。

一个晚上,我与林漫喝茶谈天。他劝告我说:"我看你的工作太紧张了,每天写作半天就可以了,下午可以休息休息,读读书。我怕你累病了。"

林漫善意的劝告,我没有接受,

1986年10月,梁斌会见来访的美国作家

因当时的创作环境好,身体好,精神旺盛。我没有预料到此后大病之灾,会落在我的头上

链接注语: 梁斌的创作达到了惊人的程度,1955年秋天,《红旗谱》初稿完成。
——王洋、田英宣《梁斌传》

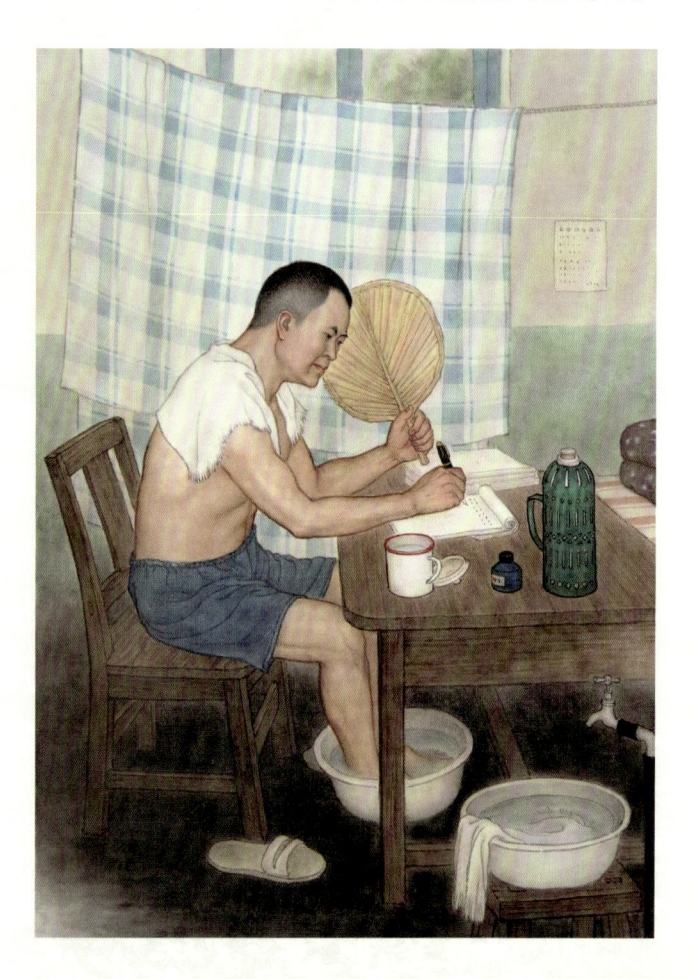

● 出关赴沈阳外调，得仰古老民族长城之气后，修改原稿。

梁斌为业余作者挥毫

梁斌自述：
写作正紧张时，原本不愿承命去沈阳外调，没想到却补上自幼从未出关的这一课。外调回到机关后，即开始读才写成的这部原稿，仔细地从头至尾读了一遍，好像得了气一样，找到什么应该删截的，什么应该补充的……

感觉满意的地方是，当我读到朱老忠带江涛到济南探监，隔着铁窗见到运涛的情节，潸然泪下。读完第三卷原稿之后，禁不住痛哭起来，抽咽不止……

这个时期的作息时间，是自早晨开始，一直工作到夜间十二点钟以后。中午从不午睡，睡也睡不着。一天十二小时的工作时间，使我体力消乏；有时激动起来，肚子打颤，心跳，笔在发抖。

直到年节来临，我不得不到北京去，看看我的年轻的妻子，因为她的第二个孩子已经降生了……生孩子的时候，我也没去护理她。

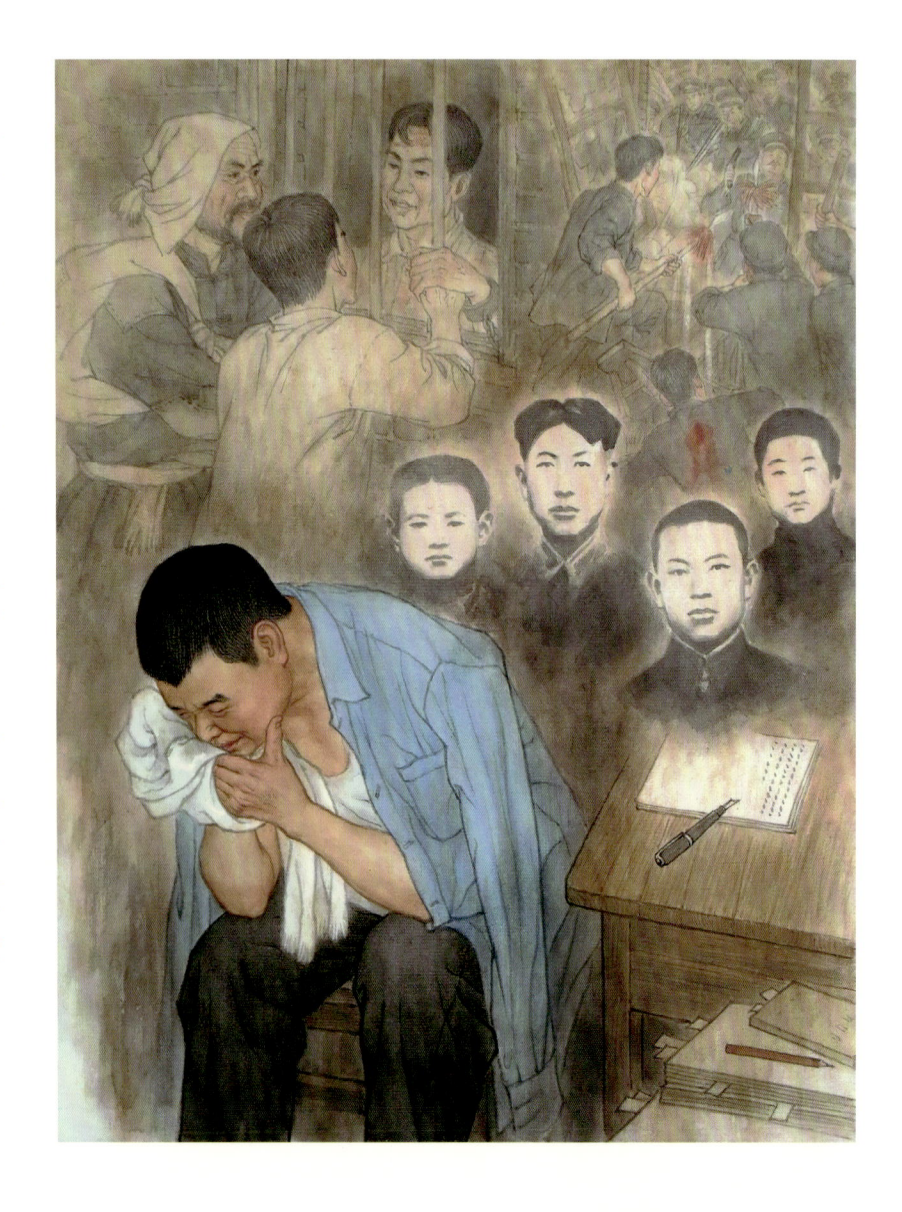

链接注语： 两次修改终于完成后，梁斌没作声色，他把稿子暂时搁置起来，让作品进入一个创作的沉淀期。
　　　　——王洋、田英宣《梁斌传》

1956年的春天，中国青年出版社编辑萧也牧来保定约稿，我叫他看了《红旗谱》这部书的原稿，他肯定了这部书，说："诗，这是史诗……"萧也牧是一个天才的文学家，高高的个子，学生头，穿着锃亮的红色皮鞋，他两手据着原稿，笑着说："我要带回去，出书！"我说："你出书可以，这部原稿，我还要修改！"

● 出书可以，这部原稿，我还要修改。

梁斌自述：
原稿，三十万字，修改一次，需要一个多月的时间……在南大街找了一个人代为抄稿，一万字需要三元钱的代价，比自己抄稿省去很多时间。

链接注语： 1956年秋天，梁斌带着《红旗谱》书稿到了北京，住在黄化门大街河北省驻京办事处，对《红旗谱》的前几章，进行了最后一次，也是第二十次的修改，补充写了前面最重要的楔子和老驴头、老套子杀猪的极富戏剧性的故事。梁斌精益求精的写作态度，让萧也牧十分感动。
——王洋、田英宣《梁斌传》

- 《红旗谱》后,《播火》又"继"。

梁斌自述: 秋天到北京前,《红旗谱》中截下的"高蠡暴动"八万字,展开为第二部长篇,更名《播火记》。

为了写好这部书,我要到南北辛庄去采访,亲自看看双方会战的战场。我还记得北辛庄有个老同志叫蔡如松,他曾参加"高蠡暴动"。

4月,我坐上汽车,到高阳去找蔡如松。司机开动汽车出了稍门口,不一会儿工夫,到了烈士陵园。大门上方刻着:"高蠡暴动烈士陵园"。如松两手扶着宝三下了汽车,眼含泪花说:"先看看这肉球坟吧!"他走到大坟头前,扑通一下就跪了下去。我也慌了手脚,跪在地上,如松同志也跪下去。

只听宝三同志说:"老同志们,为了迎击日寇,你们长眠地下了。我们也打败了日本鬼子,打败了蒋介石的八百万大军,建立了中华人民共和国。打天津的时候,我也上了前线了。带着牛车,拉着小米,支援前线去了。你们安安静静地睡吧!"说着,他趴在地上,磕了三个头。我也趴在地上磕了三个头。

链接注语: 第二部长篇创作过程变得相对容易了,仅用了八个月时间,就完成了五十多万字的《播火记》初稿,在梁斌一生的写作中,这是写得最快的一部。

——王洋、田英宣《梁斌传》

- "平地一声雷"震动天下，《红旗谱》书出后，爸爸回来。

梁斌自述：

长期亢奋写作，体力透支，书稿交出去，人就病倒了。

1957年，新历年底，《红旗谱》出书，萧也牧带着书来看我，说："老梁！没白住了医院，这本书真不一般啊！"

我把书送给大夫们、我的护士们，都很高兴。这时已是年终，《红旗谱》出版，对于治病来说，是很大的助力。

老师丁浩川从东北大学来信（他当时是校长）说："你将受到全国人民的尊敬……"

周扬在上海各地，对《红旗谱》一书，做了肯定性的发言。

《文艺报》主编侯金镜同志召开座谈会，当年参加过斗争的老同志曹承宗、臧伯平、张金玺、常明座谈《红旗谱》，我也参加了。老朋友胡苏、刘光人在《文艺报》著文评论。

年夜，招待所给我包了饺子，服务员们表示慰问之情。饭后，帼英来接我回家过年。岳母和孩子们都面有喜色，说："爸爸回来！爸爸回来！"

1960年的除夕，是我最舒心的一天：病情经过治疗，有转好的希望；《红旗谱》出版，受到欢迎；合家大小，过了一个快乐的年夜，岳母亲手做饭，我敬她一杯酒，她喝了，哈哈地笑了一会子。

链接注语： 1958年，《红旗谱》由中国青年出版社出版，连同1963年出版的《播火记》，犹如"平地一声雷"，震动了文坛，轰动了全国，梁斌呕心沥血，浓墨重彩，塑造的农民典型朱老忠，成为我国当代文学史上的重大收获。冀中的人物、故事、风光和语言，随着《红》《播》的广为流传，不胫而走，誉满中外。

——刘波、刘绳《作家梁斌在冀中》

梁斌20世纪80年代在家中

- 1958年、1959年，成了《红旗谱》年。

梁斌自述：

《人民文学》编辑肖德生等二人来访，把录音机放在面前，叫我谈谈写《红旗谱》这部书的体会。我觉得这不是几句话的事，就拦他们住下了，说好每天上午谈两点钟，一直谈了好几天，他们写成文章，寄回来叫我修改。题目是《漫谈〈红旗谱〉的创作》。

村支部书记梁万来寄信，说我的书到了梁庄村里，家乡人们很欢迎。每天晚上在高房上安上扩音机，听中央电台的广播。

周扬来天津，住在睦南道招待所，我去看他，这是第二次见面了，第一次是在北京，他派车接我去听他的报告。我走上二楼，找到他的房间，他叫我坐在沙发上，斟上一杯茶，问我："你今年多大年岁？"

我说："四十六岁了！"他笑了说："也五十上下的人了！"我说："我早就认识

周扬同志!1933年,我在北平'左联'工作……"

周扬听了,神情焕发,说:"那就很早了……你写的《红旗谱》好!好!我看了。"

人民文学出版社来人,谈及他们要出版《红旗谱》高级精装本,问叫哪个画家插图,我提出黄胄。黄胄是大百尺一带口音,是我的本家。他住在保定画了这部插图,回北京后画了春兰。

链接注语:《人民日报》《光明日报》,各大报刊接连发表评论文章,《文艺报》出版了《革命英雄的谱系——〈红旗谱〉评论集》,其规模,其声势,为新中国成立后八九年间的中国文坛所罕见。著名评论家李希凡评论说:朱老忠是继鲁迅阿Q之后出现的,中国文学史上新的农民形象,对旧中国农民来说,朱老忠是一个形象的总结,对未来的中国农民来说,朱老忠是一个起点。历数当代文学,能有如此历史深度的性格,这是第一个。

——王洋、田英宣《梁斌传》

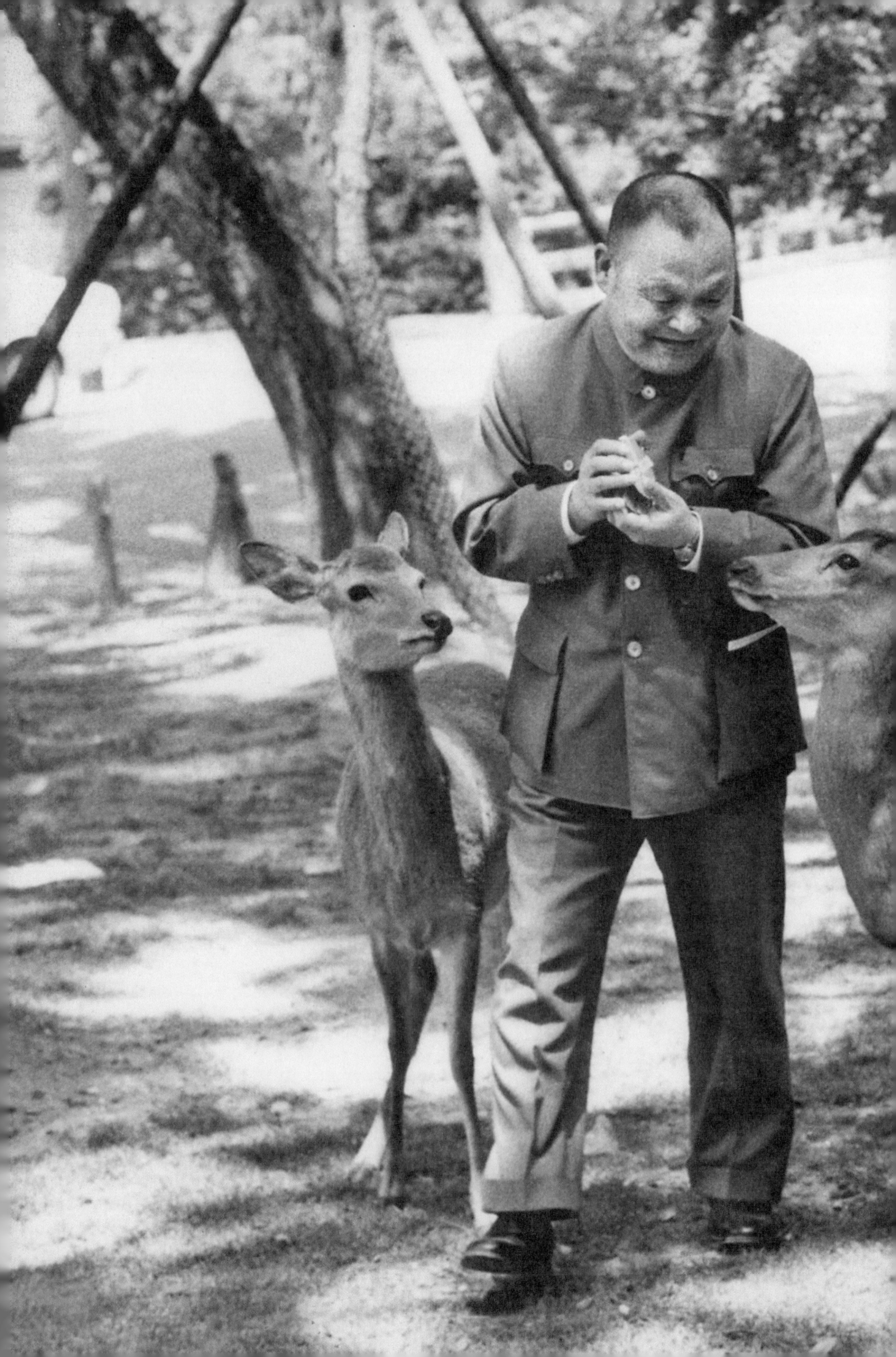

逢善而笑,遇恶而怒。熟悉梁斌的人都会说,这是他的典型性格

- 1960年，
因病更张，
扩展艺术领域
由购画起步，
转而勤于书画。

梁斌自述：

1960年，从二五九医院出院，带病延年。神经科主任说：写大字吧，画画儿，休息脑筋。由是唤醒余少时酷好书画，7岁写大仿，12岁考入县立高小，乃有图画的诸多往事。

某日晚饭后，我想出去走走，走来走去，到了天津荣宝斋，老伙计张茂如接待了我，并出示他刚从上海带回来的吴昌硕的三幅杰作：一幅是他的大幅梅林，他八十四岁时，为其高足启之先生所作。此画大同小异的体裁，作了多少幅，而屡有发展。我看见过故宫博物院相同的珍藏，不如这一张好。

另一张是吴老所作墨荷，有题："荷花荷叶墨汁涂，雨大不知香有无。天池雪个呼不起，看谁好手谁野狐。"乃晚年所作，笔墨淋漓，乃古来艺术珍品。

最后一幅是吴老所作山桃，有题："灼灼桃之华，结实大如斗，一开三千年……"亦是无法寻觅的杰作。

观三幅巨作，充实了我的生命力，买回家中，悬之壁间，日夜玩味。方纪、王林二人知道以后，都到荣宝斋买吴昌硕的作品，可是此后数十年，京津各地能与此三幅杰作相媲美者，已经没有了。

链接注语：梁斌晚年，经常住院，身体时好时坏，但精神总是非常乐观，他叫人在病房支起画案，一旦体力能支，便函作书画画。

——宋安娜《解读梁斌》

《雨雾蒙蒙图》

- 画画与写文章有相通之处，文章、书画谈。

梁斌自述：

几十年，工作之余，临摹碑帖书画……也不想当书画家，消遣而已。

书法临过欧阳询《九成宫》、《张迁碑》、岳武穆前后《出师表》，吴昌硕、伊秉绶的行书……兴之所致，喜欢什么，就写点什么。

画，我并没有真正临摹过谁，画到哪里算哪里，我很赞赏齐白石的题记："不似为欺世，太似则媚俗。"我认为这里有升华的意思，画画要画出意境，我曾七至白洋淀，每天清晨必至淀边，观看荷花，雾中之荷，扑朔迷离，雨中之荷，潇潇有声，后来我把这个意境移至芭蕉。

我觉得画画与写文章有相通之处，一是技巧，二是阅历。写字也好，画画也好，我有个认识：你画你的，我画我的，我画得不好，还是我家笔墨。这和写文章是一样，写不出自己的风格，也就没有意思了。

链接注语一： 他的画多是饱含激情，放笔直扫，气势很大。梁斌的文学与书画是相辅相成的，读他的书，可以看到他的画，体会到他的画；看他的画，品味他的画，能够更深地理解他的文学作品。
——李松、张建星《梁斌书画艺术学术研讨纪要》

链接注语二： 他是真正的文人，而且是大文人，所以他对画的欣赏能力很高，虽然在作画的技术方面，他并不像专业画家磨炼得次数那么多，可是正因为这一点，就更突出了文人画的特点，他的文人画在内涵上是丰富的，他的画最可贵的是这个"生"字……"生"在这里不是贬义词，它是一种风格，而且比"熟"还高一个境界。
——孙其峰《访问孙其峰先生》

1979年中国作家代表团访问日本

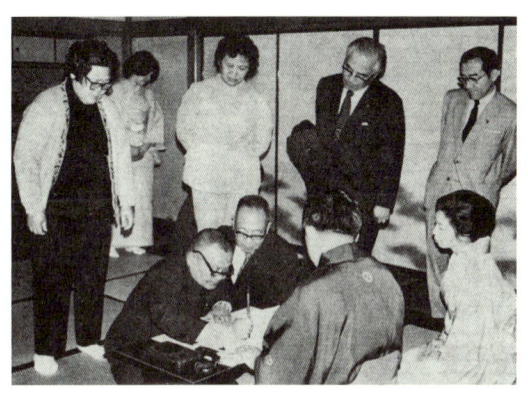

梁斌在日本访问时为日本朋友展扬中国书法

1979年梁斌与日本友人合影

梁斌访问日本时，与藤山爱一郎亲切交谈

● 与本家兄弟黄胄,
同出一乡,
二人时常有合作,
梁斌画花卉,黄胄画虫、鸟。

梁斌自述:
黄胄在童年时期就好画。十九岁曾到开封,已能画出好画。后来辗转到新疆一带深入生活,勤勤恳恳工于绘事,事业不负有心人……成为世界闻名的大画师。

1961年夏天,我与方纪同志到北京旅游。我俩到王府井和平画店看画,经理许麟庐先生告我:"黄胄在等着你,他说和你是本家!"不一刻工夫,黄胄姗姗而来。我问:"你是老傻吗?"虽说多年不见,黄胄风度面形不减当年,远远地笑着唤:"六哥!"

我与方纪分手,随黄胄到他家中,当时他住中国青年出版社宿舍。我见了老太太,问安:"婶子你好!"老太太见了我,眉开眼笑,说:"老六,几十年不见了!"说着她用手抻起衣襟抹着眼泪说:"你叔叔去世了,我们流落在西北一带,靠卖东西过日子呀!"

黄胄以金冬心梅花册相赠,直到今天,金冬心对我的书画影响甚深。

1987年梁斌与黄胄合影

1989年,梁斌、散帼英夫妇与黄胄、郑闻慧夫妇合影

1990年梁斌、散帼英夫妇与黄胄、郑闻慧夫妇等在画展现场合影

链接注语一: 梁斌与黄胄重逢,哥儿俩不仅续上了手足情,还结下丹青缘。1990年5月12日,在北京民族文化宫,举行了"二梁兄弟画展——梁斌黄胄画展",时任中央政治局常委的李瑞环为画展剪彩。
——王洋、田英宣《梁斌传》

链接注语二: 梁斌的画和文学创作一样,充满激情、希望与生机……散发着新时代的书卷气,意象凝重朴厚。梁斌说,他的画比我的画好,虽然是玩笑,但就这一点说,我是同意的。
——黄胄《梁斌的画》

梁斌与黄胄夫妇为家乡题词

1990年李瑞环同志为"二梁兄弟画展"剪彩

梁斌时刻不忘哺育他的家乡大地和人民,为村里的孩子们捐赠了上千册图书和电视机,并自己拿出50万元建起了梁庄小学。一个时刻想着人民的人,人民也想念着他

梁庄的农民以书画会的形式纪念梁斌和黄胄

梁斌夫妇与梁氏家族合影

紀念陳莊戰鬥五十周年

一九三八年賀龍元帥奉命率一百二十師東渡黃河助晉中軍民鞏固晉中抗日根據地打擊齊會戰鬥宋莊戰斗蓮子口戰日寇胆寒一九三八年秋奉命回延安日寇尾隨斷敵人南引至太行腹地重鎮陳莊進入陳莊百師官兵居高臨下搶炸弹齊發一日蕩敵消城人心大快蟬蝉蘭軍

庚午八一建軍節於津門 梁斌

《今日陈庄》

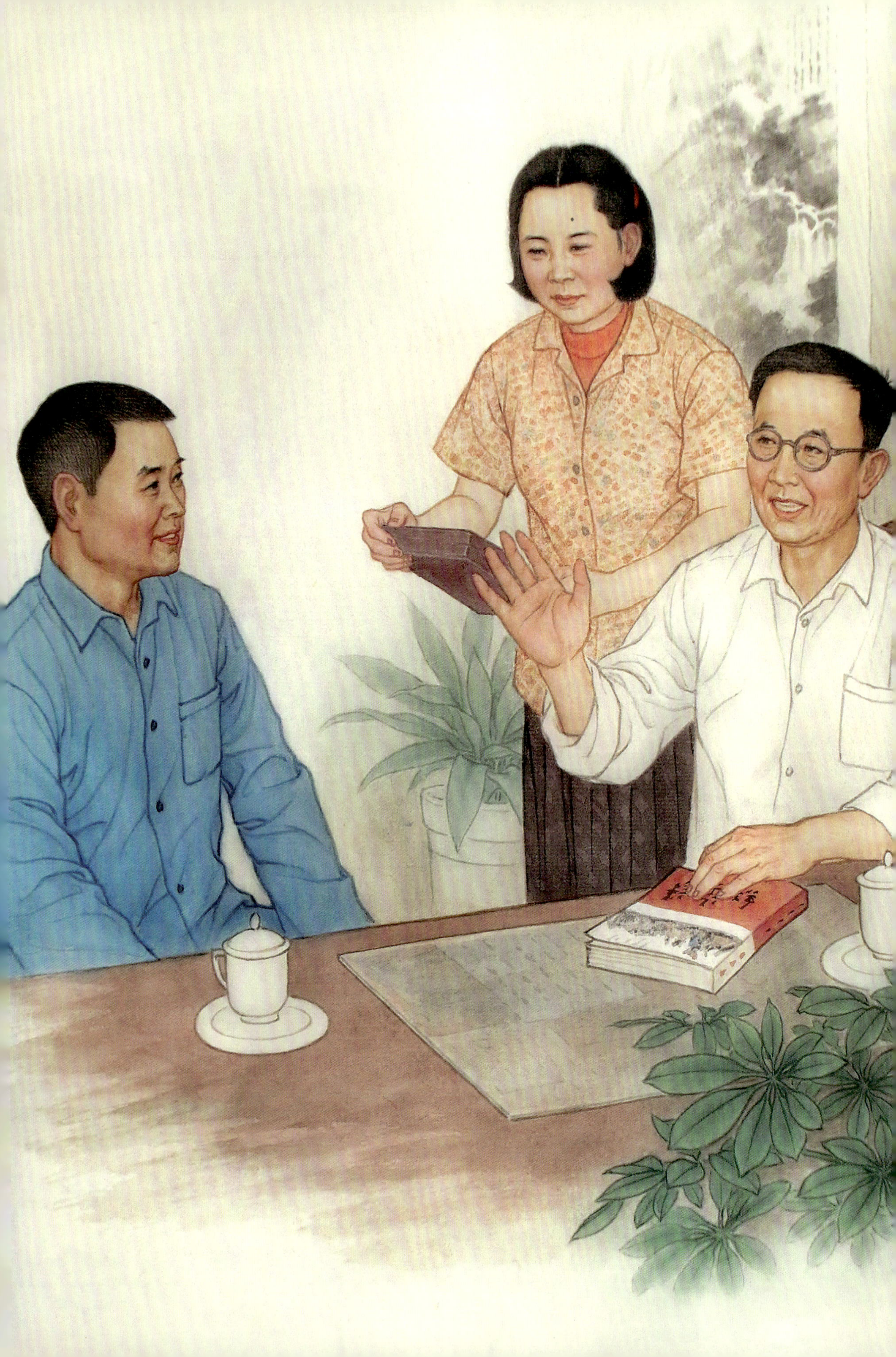

- 谦谨，勉奋，不歇，1962年后能动笔了，仍细致修改《播火记》。

梁斌自述：

自从《红旗谱》出书，各方面发表的评论文章，我都暂时不看，把她存在抽屉里，以免发生骄傲的心理。

郭沫若说《红旗谱》是"别开生面"，把这几个字由于立群书写了，给我镌在砚台上，放在我的书案上，从不示人。

但是写到这里，我不得不把先辈的讲话记在这里，留给我们的后一代。

为了写《红旗谱》几本部，我的二十多年的心血，没有白流。

《红旗谱》英译本由中国外文出版社出版发行，寄来样书。
凌子风、崔嵬，来天津附近拍外景，将《红旗谱》搬上银幕。

1962年，我已经能动笔了，跟随《新港》的连载，细致地修改《播火记》。

《北京晚报》编辑侯琪来访，她要求连载《播火记》，我同意了。自此，《北京晚报》连载《播火记》，甚受欢迎。

梁斌每天清晨即起，练一套太极拳。上午写作，下午绘画看书，而后户外日行五公里，坚持数年

梁斌从小爱好书法，经常挥毫不止

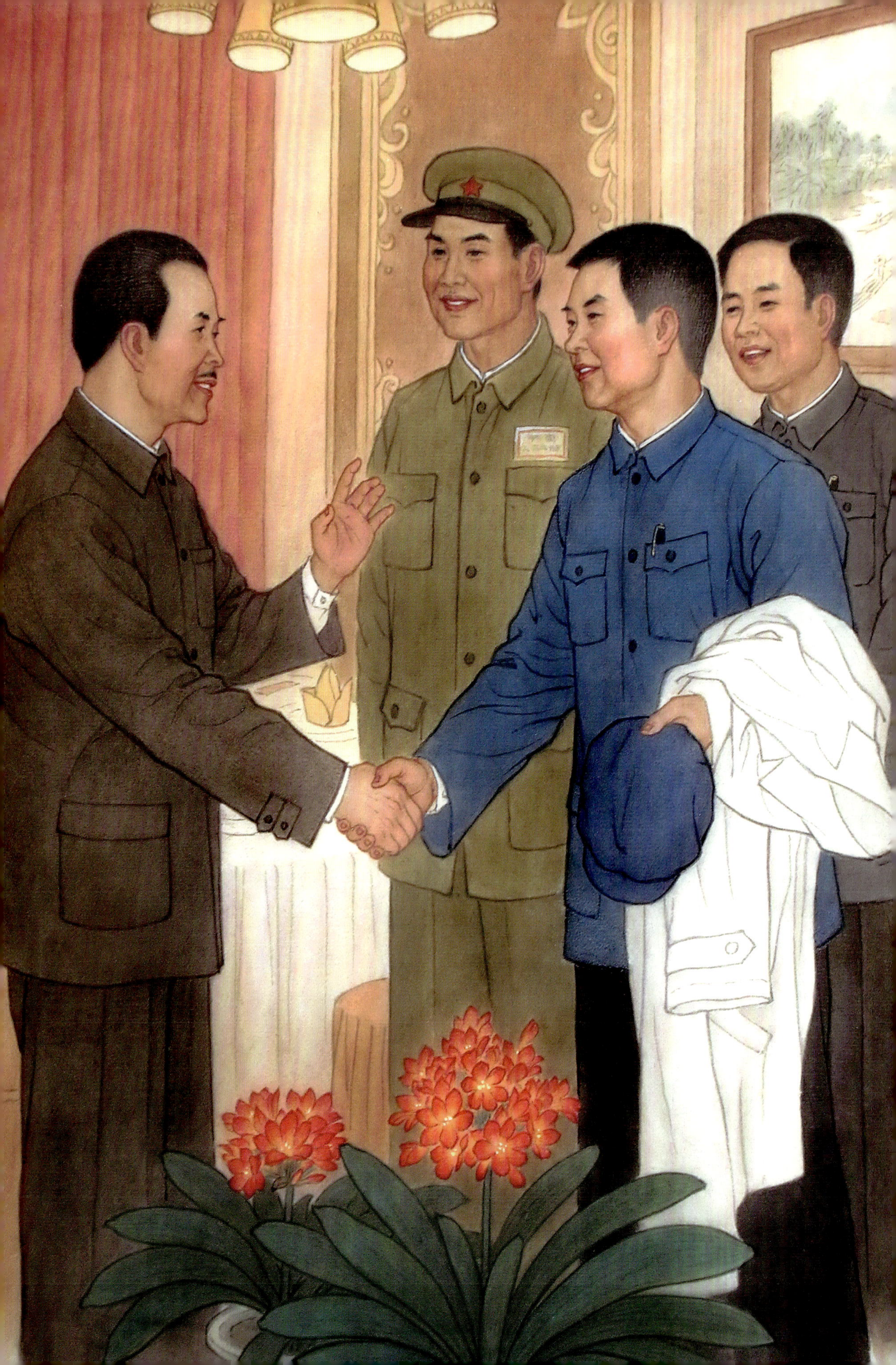

茅盾从大连开会回来，路过天津，警备区方致中司令员请他吃饭，来人叫我，我坐车到招待所，田间也去了。我问老人好，并握手言欢。他当着方致中和田间的面说："《红旗谱》是里程碑的作品，《播火记》也是里程碑的作品！"

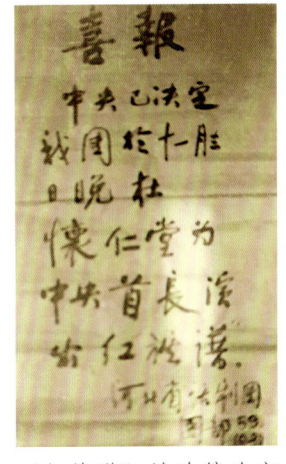

《红旗谱》被改编为京剧、评剧、话剧、电影、电视剧、评书、连环画，并被选入小学、中学、大学课本，其中话剧《红旗谱》两进中南海

梁斌在家中时，遇有炎热就经常手拿一把大蒲扇

梁斌为老战友展扬书法

梁斌在家中

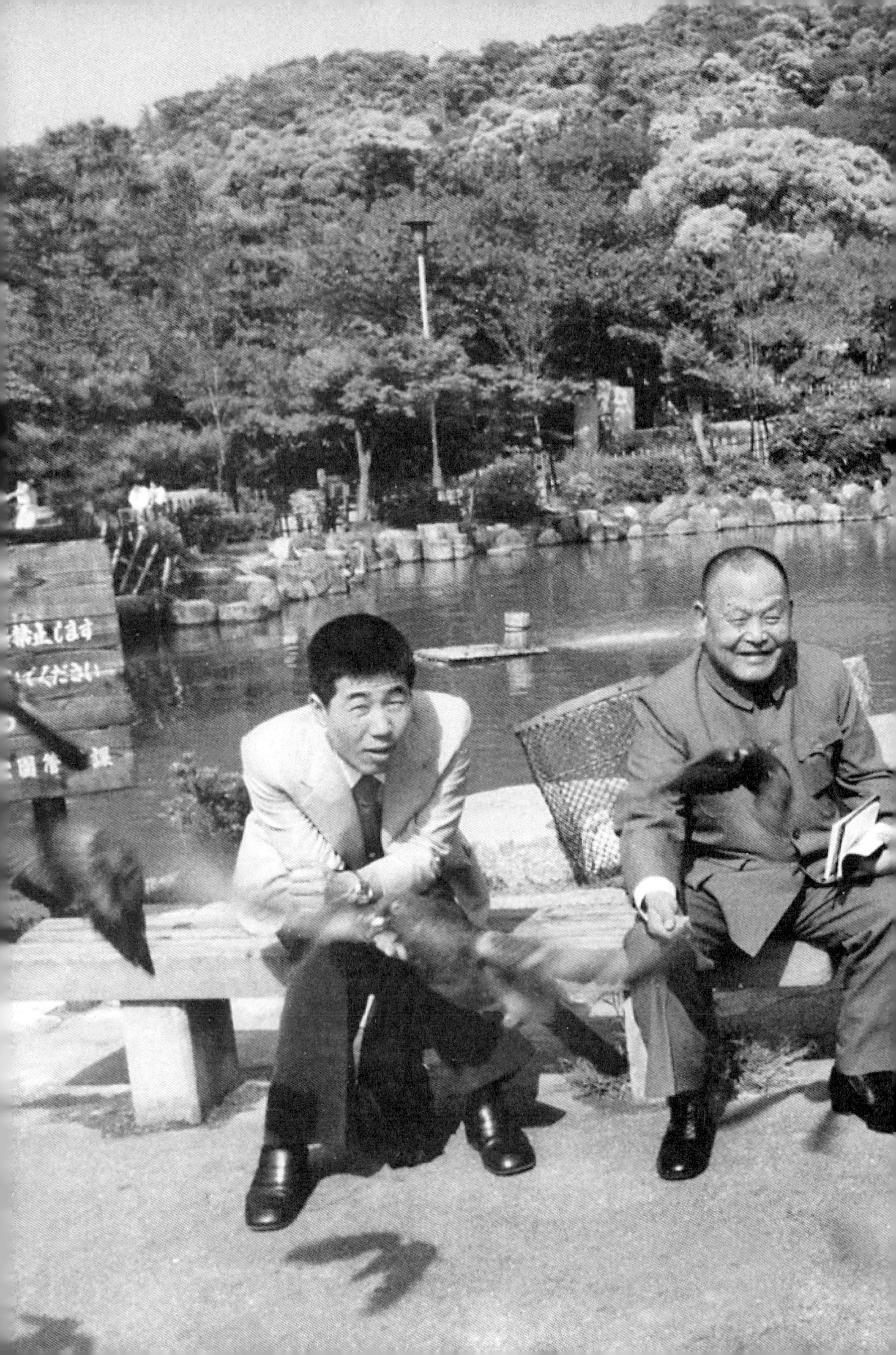
禁止します
ください
園管理課

梁斌的一生中，难得有这样的轻松

三看河北省话剧团改编的《红旗谱》，谈话剧的演出和改编。

链接说明： 1958年，《红旗谱》带着油墨芳香刚刚摆到新华书店的书架上，就被河北省话剧团改编成同名话剧，此后五进天津演出，梁斌看了三次，谈了三次，一次在天津一宫，一次在他的书房，另一次在石家庄河北宾馆。
——阿庚回忆录《梁斌的戏剧情缘》

朱德同志祝贺话剧《红旗谱》演出成功

* 梁斌话剧谈一
出乎我的意料，话剧是那样深刻地表现了冀中乡土风习和地方风光，保持了原小说的艺术风格……这出戏感动了我，今晚我会失眠了。

* 梁斌话剧谈二
《红旗谱》这出戏，一次跟一次不一样，一次比一次有提高，尤其民族化味道逐渐浓厚，看得出你们在不断地摸索、探讨。在改编方面不要受原小说的局限，大胆地取舍、创新。

彭真同志在怀仁堂会见话剧《红旗谱》的演员

* 梁斌话剧谈三
戏要多排一排，演员要坚持练功，莎士比亚的戏也要排半年。……排戏时还要注意两条，一是群众语言，一是要生活化。从历史上看，《水浒》《红楼梦》其成功之处都是语言好，前者，山东语言，后者，北京语言。

田汉同志会见话剧《红旗谱》的演员并为话剧《红旗谱》题词

"文革"来了，信念不倒，
不止一次说：
多少枪林弹雨都过来了，
还有什么过不来。

让许多人记下的三句话

* "文革"开始被关"牛棚"，临走时对妻子散帼英说的：
"什么都可以不要，保护好我的手稿和孩子们。"

* "文革"中间，听到林彪出事了的内部消息后，对田间、李满天说的：
"我们这个党是在战场上拼杀过的，亡不了。"

* "文革"期间"造反派"搞残酷的逼供和体罚，许多老干部受不了非人的虐待愤而自杀，"文革"后，和儿子襄军讲的：
"那时也想到过死，但《红旗谱》蒙受了不白之冤，我不能死，朱老忠是个农民，冯兰池那样欺压他，他都能挺住，我多少枪林弹雨都过来了，还有什么过不来。"

链接注语：在残酷斗争面前，梁斌比别的老作家成熟得多，他带过兵打过仗，批斗会开了十几次，上纲一次比一次高，始终平静如初，不说一句违心话。
——尧山璧回忆录《忆梁斌师》

"文革"中的胆识、刚烈和无畏

* 事例一
十年"文革"，梁斌同志自知在劫难逃，据说他当时画了一个没嘴的葫芦，示意这是不让人说话的时候，"造反派"就此抓住话题，说他是反攻倒算，反复批斗，但他就像没嘴的葫芦，反正就是不说。
——周骥良回忆录《送梁斌同志远行》

* 事例二
"文革"中梁斌的脾气很倔，倔得硬气、刚烈。《河北日报》连发了40版批判《红旗谱》《播火记》的文章，造反派让他跪在图书馆的高脚凳上，逼他承认写了错误路线，梁斌只说："我没有写，也无所谓承认。"气得"造反派"上去，一脚踹翻了高凳，把他重重摔在水泥地上，梁斌从地上爬起来，依然坚定地回答："我没写！"
——王洋、田英宣《梁斌传》

* 事例三
1973年在汉沽芦台农场，管理他们的组长是个外省人，思想比较开明，对梁斌睁一只眼闭一只眼，发纸让他写检查，他不写，就用那纸来写小说，这就是《翻身记事》的开端。
——王洋、田英宣《梁斌传》

1976年10月长篇小说《翻身记事》完稿，"四人帮"覆亡。

《翻身记事》这部书是在秘密的情况下开始了构思和写作的，有人劝我，你要学会他们（"四人帮"）的创作方法，我慢慢放下眼睑，合紧嘴唇不置一词。

多部头的作品，要像炒菜一样，鱼有鱼味，肉有肉味，蛋有蛋味。炒一个有一个味才好，如果三个菜都一个味，就没吃头了。《红旗谱》算是"别开生面"，《播火记》实际上写了半部书（指获好评的章节"绿林行"），《翻身记事》照着隽永这一点写的。

我在华北以至华中地区，从事六个年头的土改工作及剿匪反霸、减租减息斗争……为了加强地方色彩，我曾特别注意一个地区的民俗，我认为民俗是最能透露广大人民群众的历史生活的。

链接注语一：1976年10月，长篇小说《翻身记事》完成，正值"四人帮"覆亡，梁斌画了一幅《正西风》的画，题字："正西风，落叶下长安，飞鸣镝。一九七六年十月，四人帮被揪出来了！"
——王洋、田英宣《梁斌传》

梁斌与夫人散帼英同志合影

链接注语二： 1978年《翻身记事》由人民文学出版社出版，十年"文革"，几乎所有作家创作都处于静止状态，可是梁斌却以闪电速度，在短短一年内出版了有分量的三十余万字的大部头作品。
————王维玲《不老的梁斌》

手稿，生命，失不得，卖不得；可以全部无偿地捐给国家。

事例栏

* 事例一：
地震来了，第一想到的是手稿，不是生命

1976年唐山地震，父亲那年已经62岁了，在楼房的剧烈抖动中几次跌倒在地，襄军扶住他，拉他赶快下楼，他却跌跌撞撞扑向写字台，那里有他的《翻身记事》的手稿，他说："我的稿子还没写完，我得带上。"
————散襄霞、散襄军、梁燕生、梁津生《回忆我们的父亲梁斌》

* 事例二：
失而复得，像一位母亲见到了久别的孩子

1966年7月群众组织头头，勒令作家们交原稿进行审查，梁斌被迫把1954年底完成的系列长篇初稿《烽烟图》的一部分，装成上下两册交出去，没想到了当年11月份，审查完毕，梁斌追索原稿时，却没有下落了。从此这两册手稿杳无音信，直至1978年，经新华社记者马杰在《人民日报》上发表文章，才得悉两册手稿被传阅者保存，由河北转内蒙古转山东，几经辗转，完好无缺，1979年交还到梁斌手上时，梁斌好像一位母亲见到了久别的孩子一样，流下了热泪。
————王洋、田英宣《梁斌传》

* 事例三：
10万美金不卖，全部无偿捐给国家

《千年难忘的白洋淀》

梁斌自幼喜好书法和绘画，在从事文学创作之余，挥毫泼墨，创作了8000多幅书法和图画作品，其中3000多幅在"文革"中烧毁，其余大多送给了朋友。他把画好的画挂满书房，谁去了都是挑好的拿走，他总是说：送画当然要送画得好的！1989年梁斌在画室作画

20世纪90年代一位西班牙收藏者登门，出价10万美金要买走梁斌《烽烟图》的手稿，梁斌听后大笑说："你出多少钱我都不卖，我的手稿属于人民。"中国现代文学馆成立，向作家征集手稿时，梁斌把他的全部手稿都捐赠出去。《红旗谱》系列三部曲的手稿放在一起，比他整个的人都高。

——宋安娜《解读梁斌》

纪念梁斌同志诞辰九十周年

纪念文学巨匠梁斌诞辰九十周年

《烽烟图》失而复得后，又经三年的时间，充实，润色，修改。

复信栏 · 给王维玲

不要着急，《烽烟图》怎么样改，我还在考虑……艺术无止境，要更上一层楼。

你看过雨果的《九三年》吗？几个人物个个都能跳出来，那么深刻，比大仲马的《基督山伯爵》要好，书，就要写成这样。

文章是精神的产物，古人说"精神到处文章老"，是有道理的。作家年纪越大，社会经历越多，文章容易写得老练精粹。年龄和经历是宝贵的财富，白石老人的画，就是一例，如果他在60岁过世，在世界上，这位大师的艺术成就，就不会有这么大影响。

链接注语：《烽烟图》失而复得，我多次给梁老去信，催他尽快将《烽烟图》定稿，拿出来出版。梁老每次回信总是提醒我，不要着急。就这样，梁老又花了三年时间修改、充实、润色，一直到1983年才出版，一部书整整经历了30年时间。
——王维玲《不老的梁斌》

1991年，最后一部大书，长篇自传《一个小说家的自述》出版。

复信栏

当我看到才出版的我的最后一本书的时候，心中不由得悸动！这本书出得整齐美观，排印得也很好……感谢你们。

这部书写了四年，没白费劲，作者能博得读者好评，是最得意不过的，可惜我老了，有病，下半部写不下去了。

真没有想到，长篇回忆录在中国文化界得到这样的胜利……在天津读者中，几乎有口皆碑，据说再有2000册也能卖出去。

链接注语：1991年10月14日，《一个小说家的自述》首发式在人民大会堂举行。在天津最大的新华书店发售时，梁斌搞了一生中唯一一次的签名售书。1993年冯健男在《光明日报》上撰文说："自述者写此书时，已是古稀老人，读此书，得见其满树硕果，临风摇曳之姿。"
——王洋、田英宣《梁斌传》

梁斌和《红旗谱》日文译本译者松井博光教授（左）、出版家福井肇先生（右）在一起

牛棚村小景

一九四三年反扫荡到边区文联住太行山此牛棚村在这小屋中完成中篇《父亲》读了毛主席《在延安文艺座谈会讲话》仍回冀中深入战地生活

庚午三月于津门 梁斌

《牛棚村小景》

离休后，
房子、车子、秘书都不要；
执画笔、大蒲扇、拐杖，过起平民生活。

事例栏

* 事例一：
车、房、秘书，著名的三不要。

1985年梁斌从河北省离休回天津时，市长李瑞环专门为他设宴接风，席间提出为他配秘书，他坚决不要。李市长要给他配车，他以"身体还好，等有病时要车有车就行了"谢绝了。还要给他配房子，他以"住得很好，房子够了"又谢绝了市长的安排。
　　　　　　——靳福增《近读梁斌》

* 事例二：
画笔、大蒲扇、拐杖，三件身不离

1960年后的30多年间，他天天画画，再没放下画笔。他说："写累了，我就画几张画，写几幅字，那高兴劲儿，就像完成了一部长篇小说一样。"梁斌在家中时，遇有炎热，经常手拿一把大蒲扇，夏天出门也是，蒲扇不离手。进入晚年，他常拄一支拐杖，站立的时候，他喜欢将双手叠放于杖头之上，这样，脚跟很稳，他说。
　　　　——王维玲《不老的梁斌》、宋安娜《解读梁斌》

* 事例三：
与编辑王维玲的自述：
我每天早上5点起床，洗漱，入厕，6点到复兴公园，做三十三式立功，打两套太极拳，回来吃早饭，工作到12点。中午休息一会儿，下午起床后，到体育馆，去一个老朋友家喝一杯茶。步行十里，来去一小时。上了年纪，书不看了，杂志翻一翻，晚上看看电视，听听京戏、河北梆子，过得很快乐。

梁斌和老战友路一同志

梁斌和空政文工团团长刘叔贤笑谈新世纪剧社的艰苦岁月

梁斌和老战友杨循同志合影

八十大寿，参加"梁斌文学活动60周年研讨会"，一段著名的发自肺腑的心音。

讲话栏

时间：
1994年4月14日，
在梁斌文学活动60周年研讨会上

我永远也忘不了，农民父老在几十年的战斗生活中对我的影响和教育，不能忘记八年抗战和解放战争中广大农民父老不怕牺牲他们的身家性命献出他们的一切，不能忘记吃了他们多少小米，不能忘记坐了他们多少小渔船，不能忘记睡了他们多少热炕头，更不能忘记领导人民浴血奋战的八路军战士，没有他们对我的教育，肯定没有我这个梁斌。

链接注语一：1996年老家小学的校长来了，梁斌了知了学校的情况和办校的难处，他说再难也不能难了孩子的读书，自此他铭记在心，在家人谁都不知的情况下，他把他珍藏十几年的字画偷偷卖了，筹集了50万现金，把那校长叫到天津，当面交给他，说：拿去盖吧，给孩子们盖一所最好的梁庄小学。
——宋安娜《解读梁斌》

链接注语二：20世纪60年代，有一天下着大雨，附近菜店的售货员看见我父亲，上身只穿着背心，光着脚，用上衣包着个东西往家跑，售货员招呼父亲，奇怪地问："梁老，抚着什么宝贝东西啦，值得这样跑？"父亲说："老家乡亲纳的千层底鞋，不容易做出来的，宁可淋着我，也不能淋着它。"父亲是人民的儿子，农民的儿子，他与人民有着水乳交融的炽情。
——散襄霞、散襄军、梁燕生、梁津生《回忆我们的父亲梁斌》

梁斌和老战友在一起

梁斌和老战友路一同志在一起

梁斌从事文学活动六十周年庆祝会上，梁斌与林墨涵、李建国在主席台上

一生喜欢戏，老年仍伴着戏曲音乐过日子，兴之所至时，喊两嗓子。

信件栏 · 致友人书

自幼喜欢看戏，戏曲给了我历史知识、人物和故事。

我的文学事业实际是从戏剧起步的。少年时代喜欢唱歌，直到我的老年常常伴着戏曲音乐过日子。

这些年虽有病，但我的身体还不衰败，一不长白头发，二不掉牙，三吃饭香，高兴时唱唱戏，喊两嗓子。

梁斌20世纪30年代在济南学习京剧，高兴至极也唱上一段

链接事例一：战斗年月里唱戏记
为了活跃紧张艰苦的气氛，梁社长经常给大家讲个笑话或唱段京剧。有一次在任丘开会，人们欢迎梁斌唱戏，他先是唱了一段《坐寨》，大伙不干，又来了段《盗马》。
——阿庚回忆录《梁斌的戏剧情缘》

链接事例二："文革"中唱戏记
一天晚饭后，梁斌被叫到一间屋子，又清洗了一次头脑。回到住处，田间、李满天问他："老梁，给你上什么课啦？"梁斌笑着伸胳膊弹腿，拉出"黑头"的架势，唱道："叫俺小心行事——别误了党员——登啊——记——"随后三个人捂嘴笑了好一阵。
——刘怀章《秋天的思念》

链接事例三：辞世走前唱戏记
春节前夕，我和作协秘书长到医院去看他时，他握手的劲还很大，完全不像82岁的老人，为了显示他有充沛精力，他从沙发上站起来，先是唱了窦尔墩的那段黑头，接着又给我唱了段《大登殿》的河北梆子腔，洪亮的声音冲击屋顶。50年前在河间，我刚和胡苏结婚不久，他穿着"抗战棉袍"到茅屋来看我们时，就给我们唱了一段窦尔墩的黑头戏，没想到50年后，我再听没多久他就走了，成了最后的谢幕。
——柳溪《永远的纪念》

梁斌重视对文学青年的培养，抗日战争中他担任冀中文建会文艺部长时，举办了文艺骨干培训班，创办了文艺干部学校。20世纪80年代他又创办了南开文学讲习班，培养了一批文学作者

几十年写作书画并驰，双见高峰。

事例栏 · 生命临行前

在医院为他布置的画室中，他在胳膊发颤，手有些哆嗦的情况下，仍然才华井喷，用生命最后一次的开合，淋漓磅礴地写画出象征春荣、夏华、秋实、冬莹的四幅八尺条屏，和"满天星斗日，一华落地来"的动人条幅。

链接事例一：
梁斌一生，不但为后人留下了二百多万字的文学作品，而且还有上千幅书法和绘画作品，从1979年开始，梁斌先后在天津市艺术馆、北京民族文化宫、湖北襄樊市展览馆、河北省博物馆等处，举办多次个人书画展。
——王洋、田英宣《梁斌传》

链接事例二：
梁斌一生创作了8000多幅书画作品，有3000多幅毁于"文革"，余下的5000多幅，大部分藏于民间，散见在故友和普通民众手中。在他的二楼书房兼画室的屋中，经常挂着两根绳子，一根在北墙的书橱上，一根贴着西墙，他每天画出的画都挂在上面，遇到有人求画，他总是慷慨大方地一指墙上：自己挑，喜欢哪幅拿哪幅。
——宋安娜《解读梁斌》

1996年6月20日，
他走的那天恰正是农历五月初五，
是根据传说人们纪念屈原的日子。

梁斌和南开文学讲习班的学员合影

20世纪50年代初梁斌夫妇在湖北襄樊合影

20世纪70年代梁斌夫妇在天津合影

20世纪80年代梁斌夫妇在天津家中

梁斌夫妇在画展现场合影

梁斌夫妇合影

梁斌和著名翻译家、文学家李霁野边散步,边谈天说地话文学

梁斌和天津市领导张再旺、吴振、李中恒、赵钧同志在一起

1991年梁斌与牛满江教授合影

梁斌和中国青年出版社王维玲同志合影

《红旗谱》一经问世即轰动文坛，五十年经久不衰。梁斌所到之处经常是盛况空前，他常说："人民群众对《红旗谱》的热爱是对我文学追求的最大褒奖。"

梁斌在家中接待来访的青年文学爱好者

梁斌接受记者采访

1989年在天津梁斌书画展上为群众签名

1990年5月,李瑞环、吕正操等领导同志观看"二梁兄弟画展"

117·画说梁斌

梁斌文学活动六十年庆祝会盛况空前

梁斌和著名京剧艺术家李维康谈京剧

1962年6月4日，梁斌在天津油漆厂做《红旗谱》创作报告后，与工人促膝畅谈

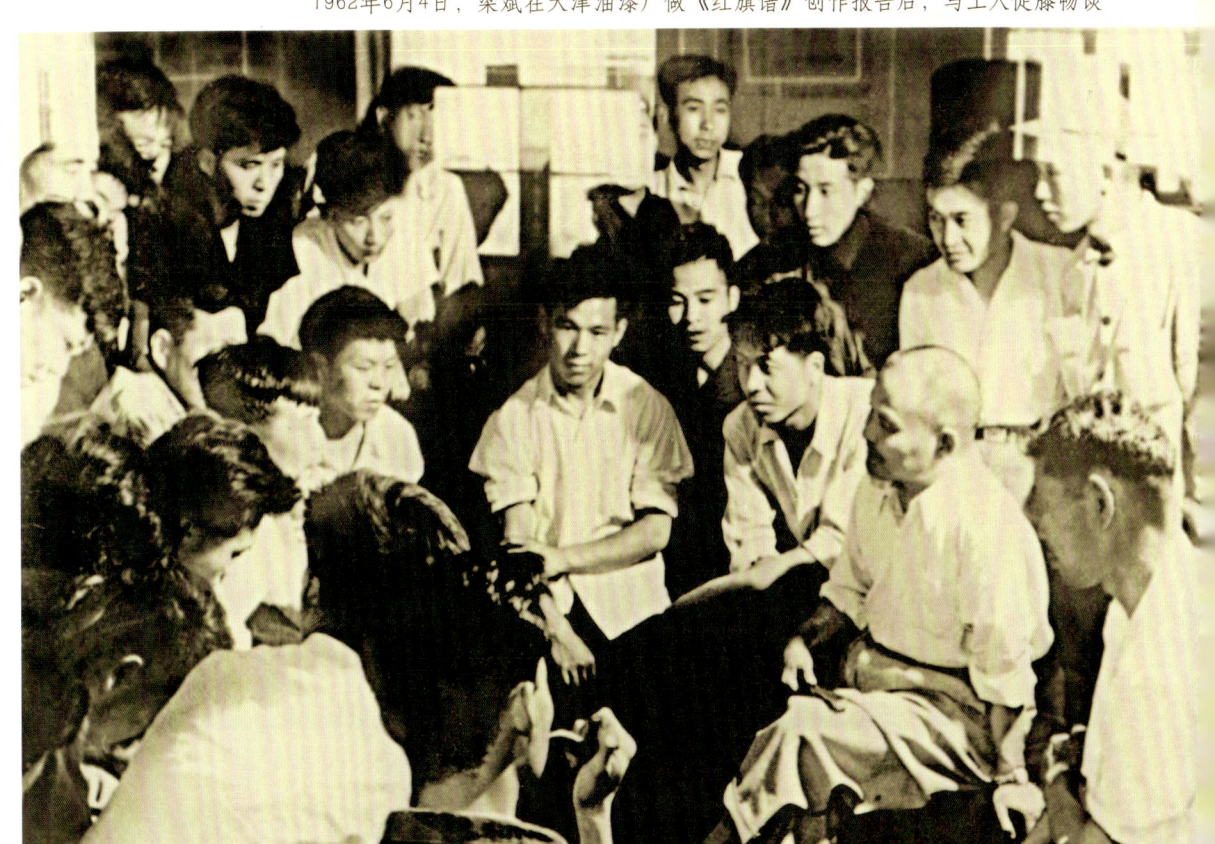

《红旗谱》再版之际,郭沫若为《红旗谱》题写书名,并送梁斌一方端砚,砚上有郭沫若夫人于立群书写的郭沫若题《红旗谱》:红旗高举乾坤赤,生面别开宇宙新

梁斌部分出版物

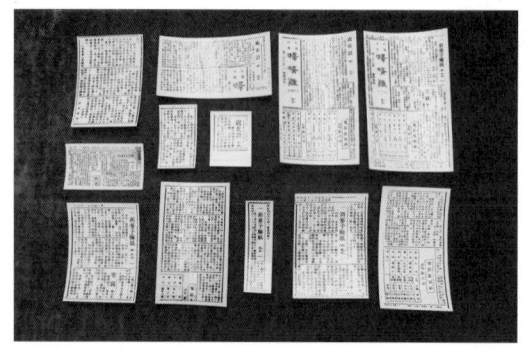

20世纪30年代左联时期发表的文章

《红旗谱》出版后好评如潮

各报刊陆续报道《红旗谱》

20世纪50年代在襄樊时使用过的土改文件

保定二师图书馆的《红旗谱》系列书籍

连环画《红旗谱》三部曲

梁斌评论集

《红旗谱》三部曲和梁斌文集

在湖北襄樊工作时读的书籍

《红旗谱》外文版本

梁斌画集和书画评论集

一九六五年中秋之夜讀毛主席論持久戰

為天津日報撰文一篇步自中庭仰觀月圓 梁斌

《月圓》

梁斌手稿

毛澤東同志說：生活是文學創作的唯一源泉

甲子初冬于津門 梁斌

《源泉》

辟席敢聞文字獄

著書非為稻粮謀

文革中四人帮以河北日報為戰場圍奸紅旗譜播火記連卷四十个版面文革後平反後書此

一九七七年李夏于津門

梁斌

梁斌书法作品

《一华落地来》　　《满天红映》　　《富贵花开》

《秋实累累》　　　《梅为百花魁》　　　《满天星斗日》

永远的梁斌

后 记

梁斌先生是现代文学史上的一位大家,著述丰富,其长篇小说《红旗谱》被誉为反映中国农民革命斗争的史诗式作品,影响广泛,并被改编为话剧、电影。他不仅在文学创作上造诣深厚,其翰墨生涯也是大气磅礴、独树一帜,他以亲身革命经历,描绘了革命根据地史迹,创立红色文人画,代代弘扬。

在纪念梁斌先生诞辰100周年之际,本社编辑出版了《画说梁斌》一书,力图通过画作和照片来讲述文学伟人梁斌先生的一生,收录画家黄培杰绘制的描绘梁斌一生经历的插图以及众多与梁斌相关的活动照片和艺术作品共百余幅,并由著名作家冯景元为百余幅图片逐一配文。这是一部纪实性图文传记体图书,通过图画浓缩了小说家梁斌一生的经历,以及满腔爱国的热血促使他投身艺术、创作小说的艺术发展历程。梁斌先生的人生丰富多彩,作品精深宏博,影响深远,本书希望能够使读者通过图片更加直观地了解梁斌先生,感受他不平凡的一生。

《画说梁斌》一书从2013年下半年正式开始策划编辑工作,经过日日夜夜各个环节的策划、编辑与设计,取得了今日所看到的成果,在梁斌先生诞辰100周年之际终于问世。在此,感谢为本书策划编辑的编委会成员以及给予鼎力帮助的各位先生,感谢江南大学设计学院教授黄培杰先生为本书绘制插图、著名作家冯景元先生为本书撰文,感谢梁斌家属提供的照片及珍贵资料,是诸位的帮助使《画说梁斌》得以问世,再次感谢!

是以为记。

编者